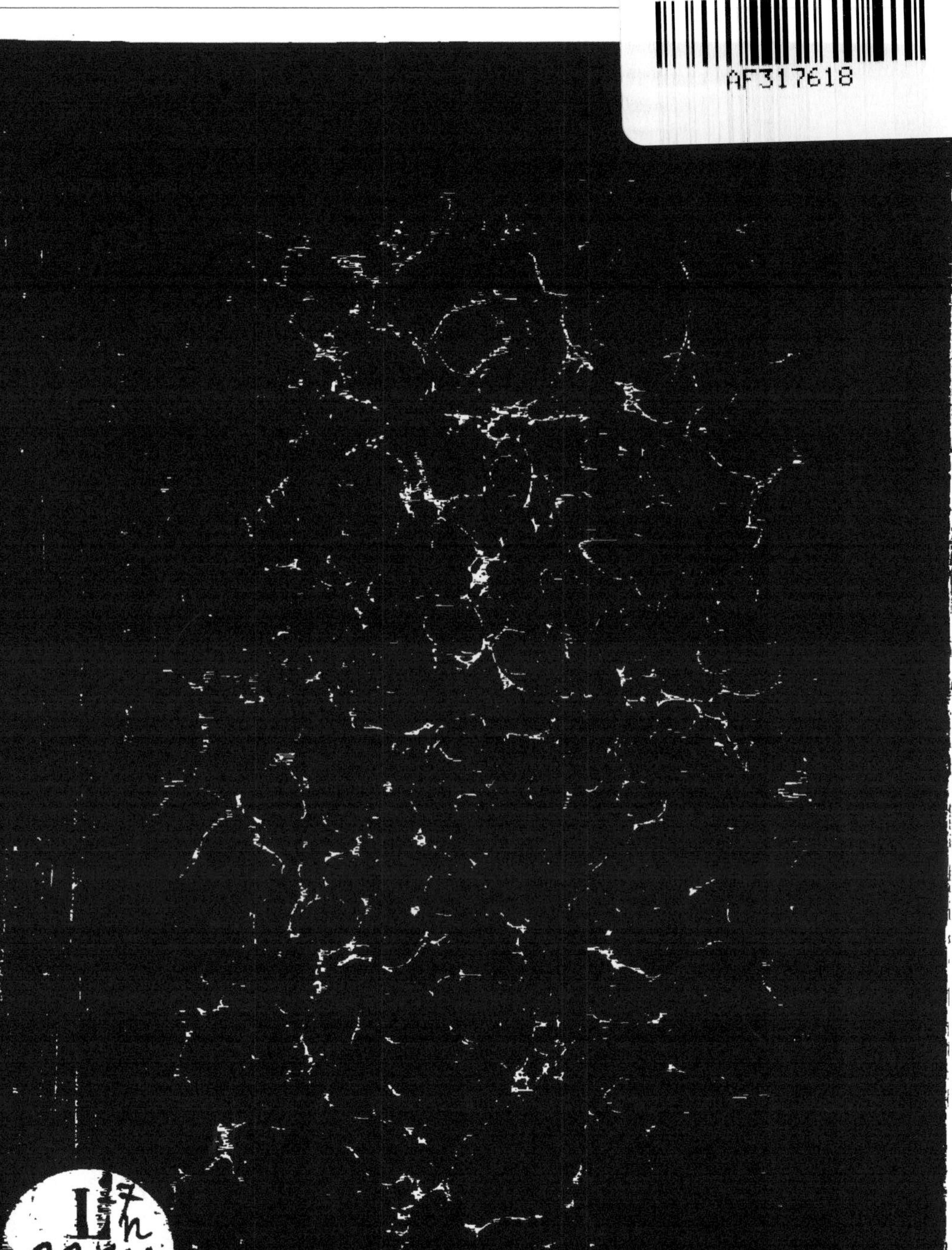

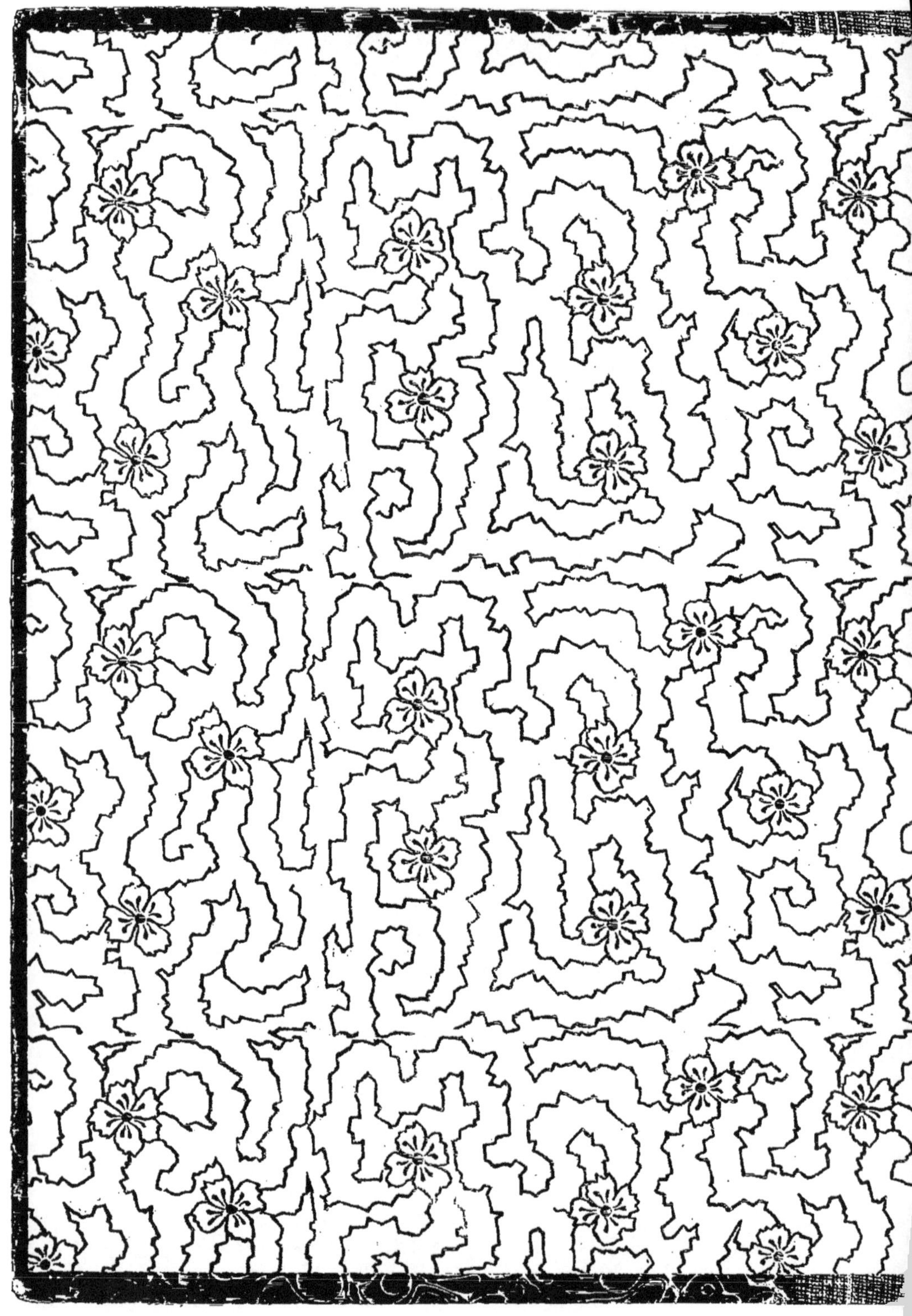

# L'OEUVRE

## HISTORIQUE ET ARCHÉOLOGIQUE

DE

## M. ERNEST PRAROND,

*ÉTUDE CRITIQUE ET BIBLIOGRAPHIQUE*

PAR

## ALCIUS LEDIEU,

Bibliothécaire, Membre titulaire
non-résidant de la Société des Antiquaires de Picardie,
Membre de la Société académique de Saint-Quentin,
de la Société d'Émulation d'Abbeville,
de la Société Historique et Archéologique de Soissons, etc., etc.

AMIENS,

IMPRIMERIE DE T. JEUNET,

45, RUE DES CAPUCINS.

—

M DCCC LXXXI.

# L'ŒUVRE

## HISTORIQUE ET ARCHÉOLOGIQUE

### DE M. E. PRAROND.

# L'OEUVRE

## HISTORIQUE ET ARCHÉOLOGIQUE

DE

## M. ERNEST PRAROND,

*ÉTUDE CRITIQUE ET BIBLIOGRAPHIQUE*

PAR

## ALCIUS LEDIEU,

Bibliothécaire, Membre titulaire
non-résidant de la Société des Antiquaires de Picardie,
Membre de la Société académique de Saint-Quentin,
de la Société d'Émulation d'Abbeville,
de la Société Historique et Archéologique de Soissons, etc., etc.

———◆———

AMIENS,

IMPRIMERIE DE T. JEUNET,

45, RUE DES CAPUCINS.

—

M DCCC LXXXI.

*L'œuvre de M. E. Prarond se divise en deux parties bien distinctes : l'une Littéraire, l'autre Historique.*

*M. Em. Delignières, actuellement vice-président de la Société d'Émulation d'Abbeville, a publié une étude sur la première partie en 1876. — Celle que nous présentons aujourd'hui au public porte sur les travaux historiques de M. Prarond.*

*Ainsi qu'on le verra, nous avons été singulièrement aidé dans notre entreprise par de nombreux critiques de revues et de journaux, et même par une partie de la correspondance que M. E. Prarond a mise à notre disposition.*

*Suivant l'exemple que nous avait donné M. Em. Delignières, nous avons, à la suite des indications bibliographiques, reproduit, à l'appui de nos appréciations personnelles, de larges extraits des comptes-rendus dont chaque ouvrage a pu être l'objet.*

*M. G. Le Vavasseur, avec lequel nous sommes sur ce point en parfaite communauté d'idée, écrivait dans*

LA PICARDIE *du mois de juillet 1874, un article biblio-graphique commençant ainsi :*

« *Si j'avais à faire la biographie de M. Ernest Prarond, je dirais qu'il y a trois hommes en lui.*

« *1° Avant tout, un Poëte . . . . . . . . .*

« *2° Un Voyageur . . . . . . . . . . .*

« *3° Un Bourgeois d'Abbeville. — Cet amour in-conscient, incurable et viscéral du clocher auquel la démangeaison des voyages semble donner un démenti, possède M. Prarond tout entier. Peut-être même les fugues et les haltes sur la terre étrangère ne font-elles qu'attiser le feu de cet amour; c'est de l'exil volontaire et momentané, sans doute, mais c'est de l'exil à dose excitante, et si Ovide fût resté toute sa vie à Rome, il n'eût pas écrit :*

NESCIO QUA NATALE SOLUM DULCEDINE CUNCTOS
ALLICIT.

*Le vers d'Ovide pourrait servir d'épigraphe à tous les livres de M. Prarond.* »

*C'est l'œuvre du Bourgeois d'Abbeville que nous étudions aujourd'hui.*

## I.

### NOTICES SUR LES RUES D'ABBEVILLE.

Abbeville, T. Jeunet, 1849, 1 vol. in-8°, 242 pages.

### NOTICES SUR LES RUES D'ABBEVILLE et sur les Faubourgs.

Abbeville, T. Jeunet, 1850, 1 vol. in-8°, 322 pages.

Ces deux titres s'appliquent en réalité au même ouvrage. Les premières lignes de l'*Avertissement* de 1850 expliquent la publication augmentée sous le second titre.

« Par suite de dispositions typographiques changées aujourd'hui, un assez grand nombre d'exemplaires des Notices sur les rues d'Abbeville ne commençaient qu'à la page 79. Ce sont ces exemplaires que nous avons voulu compléter par les *Faubourgs* et la *Notice sur Ringois*. Cette seconde édition n'en est donc pas une nouvelle à proprement parler.... Elle est, il est vrai, un peu augmentée, mais non revue ni corrigée. Si jamais une seconde édition véritable des Notices sur les rues d'Abbeville était faite, de nombreuses modifications, sans la mettre sans doute à l'abri de tout reproche, la rendraient néanmoins plus satisfaisante... »

Cet ouvrage contient une première promenade à travers les rues d'Abbeville ; c'est cette promenade, qui mettra l'auteur en goût d'archéologie et lui donnera plus tard l'idée d'un voyage plus sérieux, plus complet, dans les mêmes rues, voyage d'où sortiront alors les trois volumes : TOPOGRAPHIE HISTORIQUE ET ARCHÉOLOGIQUE D'ABBEVILLE.

Telles qu'elles sont, les NOTICES SUR LES RUES D'ABBEVILLE ont mérité l'attention d'un poëte. Nous pouvons, fortune rare sur le terrain archéologique, reproduire ici huit ou neuf vers qui ne sont pas un compte-rendu sans doute, mais un coup-d'œil sur quelques épisodes préférés.

> . . . . . . . . . . . « Je flâne par les rues,
> Et des temps oubliés reprenant le chemin,
> Je surprends saint Vulfran querellant saint Firmin ;
> Au pont de Touvoyon, c'est un couple qui passe :
> Gabrielle Foucquart et le bon père Ignace
> Laissent tomber sur moi des mots du paradis ;
> Près de la Halle au Blé, sous mes yeux interdits,
> De la croix d'un pavé sort un bourreau barbare,
> Tenant par les cheveux la tête de La Barre. »

(Gustave LE VAVASSEUR à Ernest PRAROND, à la fin du volume DE QUELQUES ÉCRIVAINS NOUVEAUX, pages 254-255.)

M. Dauban, rendant compte de ce volume dans la

*Revue des Sociétés savantes* (livr. de juin 1857), s'exprime ainsi : « L'ouvrage de M. Ernest Prarond se lit avec un vif intérêt; c'est un tableau animé et piquant des rues d'Abbeville. L'anecdote y foisonne sans faire regretter l'absence des dissertations archéologiques. Prendre le passé avec ses ruines et sa poussière, l'analyser froidement, se bâtir de vieilles pierres et d'ossements un petit monument à la gloire de son érudition, est un procédé qui ne pouvait convenir à la vive et poétique nature de M. Prarond. Ce qui le touche dans le passé, ce sont les passions de l'homme et c'est l'homme surtout qu'il y cherche. En passant sur le pavé de la place du Marché, où se font les exécutions, l'archéologue se rappellera qu'autrefois il y avait là l'église de Saint-Georges et les tombeaux d'une foule de grands et de pieux personnages qui avaient voulu goûter le repos de la terre à l'ombre des saintes murailles. « Mais qu'est devenue « l'église, — s'écrie le poëte, — que sont devenus ceux qui dormaient sous « nos pieds? Qu'ont-ils pensé de leurs descendants, du « train des affaires et des événements du monde qui « leur survit, lorsque des gouttes de sang nouveau sont « venues rendre un peu de chaleur à leurs restes « refroidis depuis longtemps, ou simplement lorsque « le tumulte et les danses des réjouissances publiques « ont fait sonner le pavé sur leur tête ? Le souvenir de « la vie est-il aussi mélancolique pour eux que l'est

« pour nous la perspective de la tombe où ils nous
« précèdent ? »

« Un archéologue ne se préoccupe guère d'ordinaire
de pareils problèmes. Conduisez-le devant le pignon
d'une église de couvent, il lui suffira d'en constater le
degré de conservation et d'en reconnaître l'époque. M.
Prarond verra autre chose : il remarquera un méridien
dégradé depuis longtemps et qu'on a négligé de restau-
rer. « Le point lumineux qui traverse un soleil opaque
« de métal et poursuit les heures sur le mur cherche
« vainement des chiffres absents. O méridien philoso-
« phique !... Peut-on plus clairement et par un plus
« simple et plus poétique symbole indiquer la marche
« insaisissable du temps, dont rien ne fixe le passage
« et qui ne laisse pas de traces dans l'éternité. »

« L'auteur des Rues d'Abbeville n'a pas toujours de
ces retours mélancoliques et de ces graves méditations.
Le récit de la construction de l'église Saint-Firmin et
des accidents qui l'entravèrent, à l'instigation de saint
Vulfran, s'il faut en croire M. Prarond, est fort amu-
sant. Il parle de la fâcheuse réputation qui s'attachait
au bois de saint Ribaud. C'est un saint local, un
Bacchus à la tête nimbée. « que nous avons vainement
« cherché dans les martyrologes et les calendriers, »
dit M. Prarond. Il ajoute spirituellement : « l'hypocri-
« sie est le vice de notre âge et date de loin. Les dieux
« de l'antiquité eux-mêmes ont été forcés de prendre

« les déguisements les plus antipathiques à leur nature
« pour perpétuer leur autorité jusqu'à nos jours. »

« Une autre fois, à propos d'étuves célèbres au moyen-
âge, placées près de la Fontaine-le-Comte, il remarque
que les mœurs qui y régnaient rappellent l'épigramme
de Martial à sa femme Cléopâtre : « L'érudition a cela
« de commode, — observe-t-il, — qu'elle permet de
« tout indiquer sans être compris plus qu'il ne faut. »
Et M. Dauban ajoute : « On voit, de reste, que
M. Prarond a beaucoup d'esprit....

« L'auteur des *Notices sur les rues d'Abbeville*
connaît la localité et l'histoire locale sur le bout du
doigt ; il trouve moyen de rappeler, — citant toujours
consciencieusement les travaux de ses devanciers, —
les événements de toutes sortes qui ont eu sa ville
natale pour théâtre. Il semble avoir pris note de tout.
Ici, rue des Lingers, est né le graveur Daullé ; là,
hôtel du Géant, est mort Gabriel Naudé, dans cet
hôtel où le plus singulier hasard a fait retrouver six
des diamants de la Couronne, sans qu'on ait jamais pu
savoir quand et par qui ils y avaient été cachés. C'est
à l'hôtel de la Gruthuse que Louis XII passa la première nuit qui suivit ses noces avec Marie d'Angle-
terre.... Avec un charmant causeur comme M. Prarond,
nous avons regretté plus d'une fois qu'Abbeville ne fût
pas plus grand ; nous n'en serions sorti qu'après y avoir
appris notre histoire de France tout entière.

« Ceci a l'air d'une épigramme ; nous devons déclarer hautement qu'elle ne serait pas méritée, appliquée à M. Prarond. Il y a un moyen de toucher à tout avec une seule chose et de prendre le méridien de Paris ou le clocher de son village pour le centre du monde. Les collectionneurs sont sujets à cette illusion d'optique. L'auteur des *Notices* ne court pas au-devant des objets ; il ne saisit, nous le reconnaissons, que ceux qui se sont mis à sa portée. Si, d'ailleurs, il nous entretient longuement du passé, il ne néglige pas le présent. On trouvera dans son livre de bons renseignements sur la Bibliothèque et le Musée d'Abbeville, sur les collections publiques et privées, le cabinet de M. de Mautort, le Musée d'histoire naturelle de M. de La-motte, la collection de M. Boucher de Perthes (1), et une judicieuse étude économique où M. Prarond, éclairé par une profonde connaissance du sujet et animé par l'amour ardent qu'il porte à sa ville natale, examine les causes qui ont pu contribuer à sa dépopulation graduelle et les moyens d'affermir et de développer sa prospérité.

« Nous ne pouvons résister au désir de citer encore un passage des Notices sur les rues d'Abbeville. Il termine l'ouvrage et il donne une très-juste idée du

---

(1) Cette collection appartient maintenant à la ville.

plaisir que procure sa lecture et du but que l'auteur a pleinement atteint. « La physionomie passée d'une « ville, dit-il, — se retrouve en quelque sorte dans le « catalogue de ses rues, dans le nom de ses édifices, dans « les traditions qui s'y rattachent. Dans ces noms, « dans ces traditions, au coin d'un mur, à propos « d'une inscription, se révèlent, par des perspectives « imprévues, les mœurs, les habitudes, le langage, les « allures de nos pères ; on reconstruit par un effort de « l'imagination le monde où ils ont vécu ; des souve- « nirs nouveaux ou plus précis nous rapprochent « d'eux, et l'on s'éprend de leurs actions comme de « celles de gens dont on tire vanité. »

## II.

### PROPOSITION FAITE A LA SOCIÉTÉ D'ÉMULATION D'ABBEVILLE DANS LA SÉANCE DU 18 AVRIL 1850.

Abbeville, Jeunet, sans date (1850). In-8°, 13 pages.

Cette *Proposition* est relative à l'établissement d'une Caisse de secours mutuels pour les ouvriers d'Abbeville.

M. Prarond, qui « restitue » à son oncle, M. Pannier, « l'initiative du projet, » et revendique pour lui-même « l'initiative de la proposition, » a eu la satisfaction de la voir accepter avec empressement par la Société d'Émulation, « qui ne refuse jamais son concours aux propositions utiles. »

### III.

#### UNE RÉVOLUTION DANS L'ABBAYE DE SAINT-RIQUIER.
Sans lieu, ni nom, ni date. In-8°, 14 pages.

Ce travail a été publié dans les *Mémoires* de la Société d'Émulation d'Abbeville de 1849-1852.

L'auteur rapporte un épisode des chroniques de Saint-Riquier aux xvi<sup>e</sup> et xvii<sup>e</sup> siècles. C'est un mémoire manuscrit de la volumineuse collection de Dom Grenier qui lui a fourni ce récit très-intéressant, et qu'il suppose avoir été rédigé par un moine de Saint-Riquier.

M. Prarond raconte pourquoi Thibault de Baiencourt, quarante-septième abbé, se démit de son abbaye entre les mains du roi qui en investit aussitôt Claude Dodieu, évêque de Rennes, devenu ainsi le premier abbé commendataire.

Claude Dodieu eut pour successeurs Charles de Humières, évêque de Bayeux, Charles de la Chastre, comte de Nançay, Henry de la Chastre, aussi comte de Nançay, le cardinal de Richelieu et l'abbé d'Aligre.

A propos des deux La Chastre « hommes séculiers et mariés, » suivant l'expression indignée du P. Ignace, et qui jouirent des revenus de l'abbaye sous le nom emprunté d'un religieux commendataire pour la forme, M. Prarond fait cette remarque : « Qu'eussent dit le

P. Ignace et le moine de Saint-Riquier auteur du mémoire, s'ils avaient pensé que ce Charles de La Chastre, ou de La Châtre, étant, comme son successeur, de l'ascendance de cet autre La Châtre qui fut amant de Ninon de Lenclos, quelques écus tirés anciennement des bois ou des fermes de l'abbaye, purent figurer sous forme de bécasse ou de vol-au-vent dans un de ces soupers où chacun portait son plat ? »

Dans cette brochure, M. Prarond relève et rectifie quelques erreurs du P. Ignace.

## IV.

NOTICES HISTORIQUES, TOPOGRAPHIQUES ET ARCHÉOLOGIQUES, SUR L'ARRONDISSEMENT D'ABBEVILLE.

Abbeville, T. Jeunet, 1854-1856. 2 vol. in-8°. LXLVII-350-II-406 pages.

Ces deux volumes sont devenus, avec des avertissements nouveaux, des appendices et des tables analytiques, les deux premiers tomes de la série intitulée : HISTOIRE DE CINQ VILLES ET DE TROIS CENTS VILLAGES (V. l'article qui suit).

L'intention de M. Prarond, en écrivant ces ouvrages, est exposée par lui dans l'*Avertissement* qui précède le tome second.

« Je n'entends, dit-il, tirer aucune vanité de l'exécution ou plutôt de l'ébauche de ce travail.... Mon seul mérite sera d'avoir ouvert une voie où d'autres, exclusivement attachés aux recherches de cet ordre, s'engageront avec un plus riche bagage et feront de plus longues étapes. « Chaque village, — avions-nous dit, — « chaque chemin, chaque haie, chaque arbre, chaque « maison a droit au souvenir des hommes. » Nous avons voulu montrer qu'il n'était pas impossible de donner satisfaction à ce droit. On ne trouvera dans notre œuvre que le spécimen, appliqué à l'arrondissement d'Abbeville, de ce qu'il conviendrait d'accomplir pour toute la France. . . . . . . . . . . . . Les souvenirs doivent survivre immuables au passage des tribus de la cité ; la patrie doit toujours être la patrie ; la chaîne ne doit pas être brisée ; il faut que les nouveaux venus adoptent aux mêmes lieux l'histoire des ancêtres dont les fils sont allés ailleurs. Dans la vieille patrie gauloise, la famille est commune ; l'histoire à tous les degrés est partout du patrimoine commun. »

Si l'on songe que l'*Introduction* du tome I<sup>er</sup> était écrite en 1854 et que les *Notices*, avant d'être réunies en volumes, avaient paru plusieurs années déjà avant cette date dans l'un des journaux d'Abbeville, on ne trouvera pas excessive la seule félicitation que l'auteur s'adresse, celle d'avoir ouvert une voie dans laquelle d'autres pourront aller plus loin que lui.

Dans le tome I<sup>er</sup>, M. Prarond s'occupe des dix communes des deux cantons d'Abbeville et des dix-huit communes formant le canton d'Hallencourt ; le tome second est formé des seize communes du canton de Rue ; l'histoire des annexes de chacune des communes est placée à la suite du chef-lieu dont dépendent les hameaux.

## V.

HISTOIRE DE CINQ VILLES ET DE TROIS CENTS VILLAGES, HAMEAUX OU FERMES.

Paris, Dumoulin ; Abbeville, Grare puis Prévost, 1861-1868. 6 vol. pet. in-8°.

Nous devons nous occuper tout d'abord de la partie bibliographique de cet ouvrage, le plus important que M. Prarond ait publié jusqu'à ce jour ; c'est, en effet, un véritable monument élevé à l'histoire de l'arrondissement d'Abbeville.

Nous rendrons saisissable ainsi le but que s'est proposé l'auteur, comme il s'en explique dans une note reproduite à la fin de chaque volume : « . . . . Nous voulons réunir les indications des tomes précédemment publiés, afin que, si minime que soit le nombre des exemplaires respectés ou négligés par le temps, les collectionneurs futurs, les passionnés religieux de notre histoire locale, puissent, tant qu'un feuillet survivra, recueillir dans les ventes, dans la poussière des bibliothèques, sous la dent de l'humidité ou sous la dent des rats, nos dernières pages, débris tristes témoignant sur des débris.... »

Tome Ier. — Première partie. — Les communes

rurales des deux cantons d'Abbeville et celles du canton d'Hallencourt. — 1861. 1 vol. LXLVII-423 pages. — Les 73 pages en sus du volume publié en 1854 étant occupées par un appendice et par quatre tables.

Tome II. — Seconde partie. — Rue et le Crotoy. — Les communes du canton de Rue. — 1862. 1 vol. II-505 pages. — Les 99 pages en sus du volume publié en 1856 étant occupées par un nouvel appendice et par quatre tables.

Tomes III et IV. — Troisième partie. — Saint-Valery et les cantons voisins. — Abbeville, 1860-1861. 2 vol. — Complétée en 1863, Paris-Abbeville, IV-972 pages ; savoir : t. I de cette troisième partie, IV-477 pages ; t. II, 495 pages.

Tomes V et VI. — Quatrième partie. — Saint-Riquier et les cantons voisins. — 1867-1868. 2 vol. — IV-1406 pages ; savoir : t. I de cette quatrième partie (1867), 746 pages ; t. II (1860, complété en 1868), 660 pages.

On remarquera, si l'on se reporte à l'article précédent, — IV, — que de ces six volumes les deux premiers ont été considérablement augmentés depuis leur première publication.

Après la publication du tome II de cet ouvrage, M. Ch. d'Héricault en fit dans la *Correspondance littéraire* du 5 février 1858 un compte-rendu qu'il terminait ainsi : « Nous sommes obligé de renvoyer au livre, pour faire comprendre quel travail consciencieux et quels soins intelligents l'auteur a apportés dans la préparation de son ouvrage, dans la recherche et la mise en œuvre des détails, et nous ne saurions trop engager M. Prarond à continuer l'œuvre commencée. Nous voyons là sans doute l'histoire intéressante et complète d'une portion de notre pays, mais nous espérons qu'une telle tentative poussera dans une voie féconde l'érudition de province et qu'elle l'encouragera ainsi à fournir les plus complets ainsi que les plus minutieux renseignements au futur historien de la France. »

M. E. Yvert, secrétaire perpétuel de l'Académie d'Amiens, venait de dire de son côté (*Ami de l'ordre* du 28 janvier 1857) : « Si large compte doit être tenu à M. E. Prarond, c'est surtout par la Picardie, par un pays à l'histoire et à l'honneur duquel il a consacré ses veilles et ses travaux avec un soin assidu et une conscience méritoire. »

M. Louis Paris, le fondateur et directeur savant du *Cabinet historique*, écrivait dans cette revue (année 1862, p. 192) : « Si l'on n'avait point un peu trop abusé du mot consciencieux, nous n'hésiterions pas à l'appliquer au livre que nous annonçons. M. Prarond, bien qu'auteur de travaux littéraires qui l'ont classé parmi les hommes d'esprit qu'aime à citer la Picardie, est un de ceux qui, loin de dédaigner les recherches historiques, semblent faire de cette étude la principale affaire de leurs loisirs.... Le travail de M. Prarond est complet dans les parties qu'il a pu aborder. Rien n'y manque pour la connaissance des lieux décrits. Du reste, on le voit à chaque page, ce ne sont point les sources qui ont failli à l'auteur. Parfaitement au courant de tout ce qui a été imprimé, publié sur la province de Picardie, M. Prarond s'est également familiarisé avec tous les travaux et les documents inédits que conservent nos dépôts publics.

« Nul ne possède mieux son Dom Grenier, dont il invoque souvent les recherches et l'autorité. M. Prarond n'est point un coureur de médailles académiques ; il écrit parce qu'il sait, et il n'éprouve pas le besoin qu'on le remercie ; il aime son pays, sa province, sa ville natale, et il veut en populariser l'histoire. Personne mieux que lui n'est propre à ce genre de travail..... Archéologie, numismatique, généalogie, biographie, mœurs, traditions et coutumes, tout se trouve à point sous sa plume, et, ce qui ne gâte rien à ce genre d'exercice, c'est l'esprit quelque peu narquois de l'auteur, qui, semé dans une juste mesure, ne nuit ni à l'amusement ni à l'instruction du lecteur.... (1) »

(1) M. Louis Paris est revenu sur l'Histoire de cinq Villes dans le tome XIII du *Cabinet historique* (année 1867, p. 174). L'autorité critique de M. Paris nous engage à reproduire encore les lignes dans lesquelles il confirme son premier jugement :

Après la publication du troisième volume, M. F. Pouy écrivait dans *la Presse d'Aumale* du 12 septembre 1863 un compte rendu dans lequel il se rencontrait en parfait accord avec M. Louis Paris.

Dans la *Revue de la Normandie*, livraison du 31 octobre 1867, l'abbé Cochet écrivait à l'occasion des cinq premiers volumes de l'*Histoire de cinq Villes* : « Voilà un vrai travail de bénédictin entrepris pour-

« On se rappellera que nous avons déjà parlé de l'important travail de M. Ernest Prarond : Nous avons dit comment l'auteur avait entrepris de faire connaitre l'arrondissement d'Abbeville, dans ses moindres détails ; nous venons aujourd'hui prouver qu'il n'a point failli à sa tache.

« Le but de l'historien est connu ; dirigé par l'amour du foyer, il veut le faire aimer de tous ceux qui le fuient ou le dédaignent faute de le connaitre ou de l'apprécier ; dans cette vue, il groupe heureusement autour de chaque cité, de chaque clocher, de chaque maison, tout ce qui peut intéresser et en inspirer l'attachement.

« Nous tenons à dresser, a-t-il dit, un inventaire religieux de souvenirs; il faut que nous sachions connaitre et aimer le pays que nous habitons, la maison où nous sommes nés, la terre qui nous appartient ou que nous cultivons, et il faut que nos enfants héritent de cette science et de cet amour du foyer. »

« Pour réaliser son plan, l'auteur ne pouvait mieux faire que de diviser son travail, comme il l'a fait, en donnant à chaque localité son étymologie, sans rien céder à la fausse érudition non plus qu'à la fantaisie, en faisant connaitre sa situation topographique, sa population, ses antiquités, ses hommes célèbres, ses pasteurs, ses magistrats municipaux, et ce que son histoire offre de plus remarquable. On trouve dans son livre la description des fiefs, des chateaux, des églises, des chapelles, des monastères, l'appréciation des usages, des mœurs et des traditions; toutes choses que l'auteur a pu connaitre et étudier de près, ce qui lui fournit à chaque pas d'ingénieux aperçus et de piquants récits. Il n'a oublié dans cette intéressante statistique ni le commerce, ni l'industrie, ni l'agriculture surtout. En résumé, ce cadre historique est des plus vastes, et, si l'on y remarque quelques lacunes, c'est qu'il était matériellement impossible à l'auteur de dire plus et de faire mieux.

. . . . . . . . . . . . . . . . . . . . . . . . .

« Comme on le voit, M. Prarond a pris à cœur une tâche historique considérable et des plus utiles, et nous avons la certitude aujourd'hui qu'il la ménera à bonne fin. . . . . . . . . . . . . . . . . . . . . . . . . . »

3

tant par un seul homme !.... Quand M. Prarond met le pied sur un territoire, il ne néglige rien. D'abord, il décrit le pays dessus et dessous ; il recueille toutes les traditions et il dépouille tout ce qui a été imprimé ou seulement écrit sur la localité. Voilà un procédé qui fait notre admiration ; il n'y a que le patriotisme le plus pur et le plus désintéressé qui puisse inspirer un projet semblable et qui soutienne le courage pendant les longues années que demande sa réalisation.....

« C'est un monument qu'élève M. Prarond, mais un monument qui lui fait honneur et qui sera utile à sa patrie. Il est jeune encore et plein de vie ; il pourra donc en voir la fin. Nous le désirons ardemment pour la Picardie et pour la science elle-même... Nous reconnaissons qu'il fait de sa fortune et de son temps le plus noble usage.... Nous devons à M. Prarond l'éloge et la récompense qu'il mérite.... »

Lorsque le cinquième volume fut publié, M. l'abbé J. Corblet écrivait dans un des derniers numéros de la *Revue de l'Art chrétien* de 1867 :.... « Ce que nous aimons surtout dans l'auteur, c'est sa scrupuleuse exactitude. S'il n'a point pu déchiffrer un mot, il n'hésite pas à le dire ; s'il lui est arrivé de prendre des notes dans un texte qu'il n'a plus sous la main, il s'en confesse ingénûment.... Les deux tiers de ce cinquième volume sont consacrés à la ville et à l'abbaye de Saint-Riquier ; ils offrent un intérêt de premier ordre que

commandent et l'importance du sujet et les consciencieuses recherches du savant analyste. »

M. J. Garnier, notre savant et vénéré collègue, écrivait à M. Prarond, le 19 avril 1867, au sujet de ce
même tome cinquième :

« Votre nouveau volume ne le cède en rien pour la
masse des renseignements qu'il renferme à ceux que
vous avez déjà publiés.

« Le chapitre concernant Saint-Riquier est des plus
intéressants. Si vous n'avez fait qu'esquisser l'histoire
des abbés, vous avez signalé tant de points litigieux,
résolu tant de questions embarrassantes, que votre
étude devra être relue avec le plus grand soin par ceux
qui auront désormais à s'occuper de cette histoire. —
Poursuivez votre tâche, Monsieur ; vous vous en
acquittez avec trop de valeur et de loyauté pour que
ce vœu ne vous soit adressé de toute part, car je crois
n'être ici que l'écho de tous ceux qui, comme moi, ont
lu ce que vous appelez si modestement des feuilles
pour un livre à écrire. »

« Le tome sixième et dernier, — disait M. l'abbé
J. Corblet dans le *Mémorial d'Amiens* du 11 août
1868, — mérite les mêmes éloges que les précédents.
On y trouve des renseignements très-nombreux sur la
bataille de Crécy, la commanderie de Beauvoir, les
tombelles de Noyelles, sur les voies romaines, les anti-

quités, les églises, les châteaux et les coutumes de cette partie du Ponthieu.

« La Société française d'archéologie a décerné à l'auteur de ce travail une médaille d'argent, qui lui a été remise par M. de Caumont à la dernière réunion du Congrès des Sociétés savantes. »

Pour terminer ces citations empruntées, comme on le voit, aux hommes les plus éminents, nous rapporterons quelques termes d'un compte-rendu de M. L. Moland, publié dans le *Journal des Villes et des Campagnes* du 27 mai 1868. « L'œuvre qui nous arrive de province èst une HISTOIRE DE CINQ VILLES ET DE TROIS CENTS VILLAGES en six forts volumes. L'auteur est M. Ernest Prarond, un poëte et un conteur connu et estimé dans le monde des lettres. Lui, qui manie le vers avec une dextérité singulière et qui a donné tant de preuves d'une imagination allègre et pétulante, il s'est assujetti par amour du pays natal à ces recherches infinies sur la ville qui l'a vu naître et sur les cantons voisins..... Nul doute que les curieux n'aillent quelque jour chercher dans ces volumes je ne sais combien de petits faits caractéristiques, de traits de la vie provinciale, de types qui auraient échappé par leur obscurité à la grande histoire et qui ont pourtant leur importance et leur signification, lorsqu'on veut descendre aux entrailles mêmes de notre société.... »

Après avoir rappelé la biographie de l'abbé Leguey,

curé de Laviers, M. L. Moland termine ainsi : « Notre but a été de faire ressortir, par un exemple, l'utilité de ces travaux, qui ont l'air de s'attacher à des infiniment petits, et dont M. Prarond a grandement raison de ne pas faire trop bon marché. Nous le félicitons très-sincèrement, quant à nous, de la tâche qu'il a remplie, et nous souhaitons qu'il ait, en tout pays, beaucoup d'imitateurs. »

Nous ferons remarquer que, dans ce travail comme dans les autres, M. Prarond a toujours le soin le plus scrupuleux d'indiquer ses autorités, ses sources. Il n'y là qu'acquittement de simple probité, il est vrai, mais combien d'auteurs n'agissent pas de la sorte ! M. Prarond a encore rendu service à l'histoire locale en faisant connaître à ceux qui voudraient traiter avec plus de détails chacun de ses chapitres les lieux où ils devraient puiser.

Le but de l'auteur en écrivant cet important travail a été clairement défini par lui-même dans l'*Avertissement* du sixième volume : « Encore ces six cents pages abandonnées au vent et pas un hameau, pas une ferme de l'arrondissement d'Abbeville ne pourra se plaindre d'avoir été négligée par nous.... Notre désir a été de rassembler dans nos divisions étroites tout ce qui intéresse à quelque degré les communes, villages, hameaux, champs et bois, tous les lieux et toutes les personnes. Notre travail n'est cependant qu'une ébauche que compléteront, chacun dans sa commune, les hommes intelligents, maires, curés, propriétaires. Il faut qu'un jour chaque village ait, dans un livre ouvert sur la table de tous ses habitants, ses archives, ses titres d'honneur, ses souvenirs toujours présents, les noms des familles qui se sont créé des droits à l'estime, etc. »

Si ce projet était mis à exécution, que de faits intéressants et ignorés sortiraient de l'ombre pour une histoire générale complète ! que de documents importants mis au jour, et qui resteront inconnus ou perdus pour l'histoire s'ils ne sont exhumés de la poussière qui les recouvre ou de l'humidité qui les ronge !

Dans le même *Avertissement*, M. Prarond dit encore : « Ces notes incomplètes.... ne sont que des jalons pour les hommes studieux qui me succéderont plus patients. A eux le devoir de les affermir ou de les arracher, suivant qu'ils les trouveront bien posés ou non. Des faits isolés paraissent insignifiants qui prendront un sens un jour.... Fouillons sans relâche... Multiplions nos recherches.... »

## VI.

### JEAN DE LA CHAPELLE ET LA CHRONIQUE ABRÉGÉE DE SAINT-RIQUIER.

Abbeville, typogr. P. Briez, 1856, 1 vol. in-8°.

Cet ouvrage, qui contient 178 pages, y compris la

préface et les notes, occupe les pages 111 à 284 des *Mémoires de la Société d'Émulation d'Abbeville,* année 1852 à 1857.

C'est la chronique latine écrite en 1492 par Jean de la Chapelle, notaire apostolique, maître ès-arts, curé d'Oneux où il était né, etc.

Le titre du texte latin est celui-ci : « *Cronica abbreviata super gestis et factis dominorum et sanctorum abbatum hujus sacri cœnobii ac sacratissimæ ecclesiæ beatissimi patroni nostri sancti Richarii, etc... edita, compilata et extracta..... per me Joannem de Capella presbiterum humillimum, in artibus magistrum, curatum de Honneu, etc.....*

## VII.

### LA PICARDIE DE 1857.

Nous devons mentionner ici dans l'ordre des dates la direction par M. Prarond de la Revue *la Picardie* pendant l'année 1857.

Tous les hommes qui s'occupent d'histoire et d'archéologie dans notre province connaissent cette Revue qui fut fondée en 1855 sous ce titre qui est encore le sien : *La Picardie, Revue littéraire et scientifique, publiée sous les auspices des Académies et Sociétés savantes des départements de la Somme, de l'Aisne, de l'Oise et du Pas-de-Calais.*

Vers la fin de l'année 1856, les fondateurs de cette Revue, découragés par les commencements pénibles de leur entreprise ou par les difficultés d'une direction en commun, étaient sur le point d'abandonner leur création. Par un accord qui ne trouva d'opposition chez aucun d'eux, ils remirent leur œuvre entre les mains de M. Prarond, qui fit en conséquence dans le dernier numéro de 1856 un appel *aux collaborateurs et abonnés de la Revue la Picardie (1)* : « La Revue de Picardie, — disait-il, — a accompli sa seconde année ; elle a triomphé des plus grands obstacles, ceux qui embarrassent les premiers pas ; cette existence de deux ans a prouvé qu'elle pouvait vivre désormais. Les premiers directeurs, par suite de circonstances particulières nous la confient ; nous nous efforcerons de ne la point laisser mourir sous notre garde, et, nous considérant comme chargé d'un simple intérim, nous la remettrons plus tard avec joie en des mains qui

(1) Cet appel, tiré à part, fut envoyé alors à MM. Belin de Launay, L.-C. de Belleval, ancien directeur de la *Revue contemporaine*, Berville, A. Breuil. H. Calland, Marquis de Chennevières, H. Cocheris, l'abbé J. Corblet, H. Dauphin, Daussy, Decaïeu, Decharmes, Demarsy, Despréaux, Ch. Dufour, H. Dusevel, A. Dutilleux, Fustel de Coulanges, Galoppe d'Onquaire, E. Gand, J. Garnier, Gomart, Goze, Harbaville, de Poucques d'Herbinghem, Héré, Ch. d'Héricault, Horoy, Janvier, Jolivet, A. Labourt, baron de la Fons-Mélicocq, Leroy-Morel, G. Le Vavasseur, Ch. de Linas, F.-C. Louandre, Ch. Louandre, L. Magner, Marcotte, de Commines de Marsilly, L. Moland, Ordinaire, L. Paulet. Périn, Boucher de Perthes, de Pongerville, Rendu, Salmon, Terninck, Tivier, comte de Vigneral, Viollet-le-Duc, Vion, E. Yvert.

assureront définitivement ses destinées. Notre récompense sera d'avoir conservé à notre Picardie une voix précieuse.... »

L'appel fut entendu par bon nombre des collaborateurs des deux années précédentes et par quelques-uns des écrivains à qui M. Prarond ouvrait la Revue picarde, MM. de Chennevières, Charles d'Héricault, G. Le Vavasseur, etc., *la Picardie* était sauvée.... (1).

L'auteur de l'Histoire de cinq Villes se retrouvait dans le directeur de *la Picardie*. Au milieu de l'année (numéro de juin), il écrivait sous ce titre : « *De l'avenir de la Picardie :*

« La Picardie appelle et complète les uns par les autres les travaux qui constitueront à la longue cette histoire des villes, des bourgs, des villages, des hommes et des pierres (dans la circonscription que son titre désigne). — Cette œuvre que j'ai entreprise séparément pour l'arrondissement d'Abbeville et que je poursuis depuis plusieurs années en dehors de cette Revue, je serai fier, — on me pardonnera bien cette vanité que

(1) Cette revue était ainsi annoncée dans un catalogue de cette époque : « La Picardie, strictement fidèle à son titre, est une publication exclusivement picarde. Elle contient des articles historiques, archéologiques, biographiques ou critiques, intéressant à quelque degré les lieux, les hommes, les lois, les mœurs, la science et la littérature de cette province. M. E. Prarond donne en supplément aux abonnés de la Revue une intéressante biographie des hommes utiles de l'arrondissement d'Abbeville. »

le motif rend louable, — de la patroner ici pour tous les autres arrondissements de la Picardie. Cette œuvre sera accomplie parce qu'elle intéresse le sol, parce qu'elle intéresse les hommes, parce qu'elle intéresse les familles, et parce qu'elle trouve la meilleure des raisons d'être dans le sentiment le plus profond, le sentiment patriotique. »

A la fin de l'année, M. Prarond remit *la Picardie* entre les mains de M. Lenoel-Hérouart et fit ses adieux *aux lecteurs de la Revue* en ces termes :.... « Lorsque nous prîmes, il y a un an, le gouvernement de cette Revue, notre unique désir était, et nous l'avons déclaré alors, de conserver un organe aux historiens, aux archéologues, aux critiques de notre province. L'appui actif de nos collaborateurs nous a rendu cette tâche plus facile que nous ne l'espérions. Occupé d'assez longs travaux, nous nous trouvons forcé aujourd'hui de remettre *la Picardie* à d'autres mains; mais nous serons toujours fier de rester le collaborateur le plus dévoué de l'œuvre que nous aurons eu l'honneur de conduire un an. » *(Picardie 1857, numéro de décembre.)*

M. Prarond confia *la Picardie* à M. Lenoel-Hérouart qui la dirigea et la soutint courageusement jusqu'à sa mort. Mais nous devons nous empresser de reconnaître que cette utile Revue serait inévitablement tombée malgré son mérite, si M. Prarond ne l'eût relevée et menée à bon port ; et elle vit et elle comptera bientôt vingt-six ans d'existence.

*La Picardie* appartient aujourd'hui à M. Delattre-Lenoel qui lui consacre le même soin et le même dévouement que son beau-père. Un comité s'est formé en 1878 pour en être le conseil, et, tout naturellement, M. Prarond en fait partie, car, ainsi qu'il l'avait annoncé dans le numéro de décembre 1857, il est resté toujours depuis un collaborateur actif.

Pour être complet avec *la Picardie* de 1857, nous devons ajouter en terminant qu'elle prit l'initiative heureuse de quelques propositions : 1° Elle indiqua les facilités de recherches qu'offrirait aux historiens des villes et des villages de la Picardie la publication du catalogue de D. Grenier, et M. Louis Paris, répondant au vœu exprimé, commença la publication de ce catalogue dans son *Cabinet historique.*

2° En deux articles, *les Artistes picards au Salon de 1857,* elle groupa pour la première fois sous un même coup-d'œil et dans un même examen critique les artistes de la Picardie, et même des provinces voisines, l'Artois, la Flandre française. — Le titre *Les Artistes du Nord de la France eût été plus exact.*

3° Elle émit le vœu qu'une galerie spéciale fût consacrée dans le Musée d'Amiens aux œuvres des artistes picards.

4° Le volume des *Documents inédits* de M. Augustin

Thierry relatif au Ponthieu semblait oublié au ministère de l'Instruction publique depuis la mort de l'historien ; *la Picardie* proposa à la Société des Antiquaires de Picardie de se charger de la publication de ce travail et de s'en remettre pour la tâche délicate de la correction aux soins de MM. Louandre et Bourquelot, les collaborateurs de M. Thierry. La proposition eût pu être bien accueillie par la Société des Antiquaires si le Ministère ne s'était décidé à faire enfin la publication du volume.

# VIII.

## LES HOMMES UTILES DE L'ARRONDISSEMENT D'ABBEVILLE.

Amiens, Lenoel-Hérouart ; Abbeville, Grare, 1858, 1 vol. gr. in-8, 253 pages.

Déjà une *Biographie d'Abbeville* par M. F.-C. Louandre avait été publiée en 1829 ; mais l'œuvre de M. Prarond ne fait pas double emploi. A côté du travail de M. Louandre qu'elle complète et qu'elle développe quelquefois, elle produit des noms nouveaux.

Les 226 premières pages de cet ouvrage contiennent près de cent trente notices ; les 25 autres pages, consacrées aux *additions, rectifications et notes,* renferment quarante-huit notices, dont trente-sept nouvelles.

Nous extrayons les lignes suivantes de l'avertissement, page 2 :

« Les célébrités qui rayonnent au loin ont eu de
plus vastes biographies ou les auront un jour ; les
soldats, les littérateurs, les artistes d'Abbeville deman-
deraient par leur nombre des volumes entiers ; notre
tâche ici sera plus humble ; nous ne parlerons que des
hommes utiles, ou de ceux qu'une distinction sans vif
éclat, mais justement conquise, n'a pu toujours préserver de l'oubli. Une ville doit avoir la piété des
tombes recouvertes de mousse, lorsque ces tombes
abritent des cœurs qui l'ont aimée, des mains qui l'ont
servie ou honorée. »

Nous lisons dans un article bibliographique du
*Pilote de la Somme*, du 14 mai 1858 :

« En publiant une nomenclature des hommes utiles
de l'arrondissement d'Abbeville, M. E. Prarond a
rendu un service éminent à son pays. Son livre est un
panthéon érigé à tout ce que l'arrondissement d'Abbeville a produit d'hommes distingués dans toutes les
professions et dont la vie a été marquée par quelque
action digne de mémoire. L'histoire des hommes
remarquables qui vécurent dans le pays que nous
habitons ne peut qu'éveiller de nobles inspirations.
Ce livre, — comme le dit lui-même M. Prarond, —
« peut raffermir par le stimulant d'une louable émula-

« tion, les hommes bien intentionnés dans la voie où
« ils sont entrés, les esprits droits dans leur vertu, les
« cœurs entreprenants dans la poursuite de leurs
« projets; il conservera enfin d'honorables noms, fierté
« de la famille ou de la ville. »

« Cette longue énumération des célébrités de l'ancien
Ponthieu est un document précieux dont la ville
d'Abbeville et les communes de son arrondissement
ont le droit d'être fières.....

« M. E. Prarond a étudié l'arrondissement d'Abbeville sous tous les points de vue qui se rattachent à
l'histoire et à la topographie. Ses notices historiques
sur les rues d'Abbeville et sur les communes de
l'arrondissement sont ce qu'il y a de plus intéressant
et de plus détaillé en histoire locale. Les Hommes
utiles compléteront ce travail consciencieux et difficile
que l'auteur poursuit avec une persévérance remarquable..... »

## IX.

### LES CHASSES DE LA SOMME.

Paris, M^{me} V^{o} Bouchard-Huzard ; Amiens, Lenoel-Hérouart, 1858, 1 vol.
gr. in-8, 130 pages.

Sous ce titre, l'auteur, disciple fervent de saint
Hubert, raconte diverses péripéties de quelques-unes de
ses excursions cynégétiques. « C'est l'œuvre tout à la fois

d'un amateur de chasse qui sait raconter les épisodes
du déduit d'une manière attachante et parfois même
saisissante, d'un artiste de la plume qui a le talent de
la description, d'un homme qui sait se plaire aussi
bien dans les courses à travers la campagne, les bois et
les sables de la mer basse, que dans son cabinet au
milieu de ses livres, enfin d'un historien et d'un érudit
qui a profondément étudié l'histoire et les souvenirs
de notre ville et de notre arrondissement (1). »

Cet ouvrage, dédié par l'auteur à ses « compagnons, »
aux acteurs et aux témoins des épisodes racontés, est
divisé en dix chapitres. Nous emprunterons ici un bref
résumé, les *arguments* en quelque sorte de ces chapitres,
au compte-rendu qui a paru dans le *Pilote de la
Somme* du 13 juillet 1858.

I. *Avertissement au lecteur honnête.* « La chasse,
— dit M. Prarond, — en quelque intention ou de
quelque façon qu'on la fasse, n'a jamais nourri un
homme, encore moins une famille. *Cacheux, péqueux,
tendeux,* dit la sagesse picarde, *ch'est tous métiers de
gueux.* Le dicton est brutal, mais il est la voix du
peuple. — II. *Le lièvre ou la plaine.* Dans ce chapitre
l'auteur « décrit d'abord la chasse au lièvre dans les
plaines du Vimeu et de Saint-Riquier, avec l'élite des

___

(1) M. E. Delignières.— *L'Œuvre littéraire de M. Prarond,* p. 37 et suiv.

chasseurs de l'arrondissement, et c'est une narration
qui n'est point sans intérêt pour celui qui connaît
le pays et dont les chiens ont suivi quelquefois la piste
du timide rongeur. » Il faut lire le curieux épisode d'une
chasse à courre livrée contre un lièvre baptisé le
*seigneur du Hamel.* — III. *Le phoque ou la baie.* « Le
phoque méritait une place dans le livre de M. Prarond.
Le Crotoy est le point où se réunissent les amateurs
qui le chassent sous la conduite du marin Lala,
illustré par M. Labitte. — IV. *La forêt de Crécy.* Ce
chapitre, qui est le plus étendu, est divisé en sept
sous-chapitres... La forêt de Crécy « rappelle à l'auteur
les grandes chasses du moyen-âge, et Louis XI, qui
avait fixé son séjour à Nouvion, château voisin de la
giboyeuse forêt. On y chassait alors le cerf et le sanglier ; aujourd'hui on y recherche encore le chevreuil
et le menu gibier. — V. Ce chapitre, qui reporte le
lecteur aux chasses du duc de Bourgogne en Picardie,
est emprunté à M. de la Fons-Mélicocq, qui l'envoya
à M. Prarond, alors directeur de *la Picardie.* —VI. *Le
renard.* L'auteur propose dans ce chapitre de chasser
le renard à la façon des Anglais. — VII. *La garenne
de Saint-Quentin* « avec ses dunes arides et ses milliers
de lapins. » — VIII. *Le marais ; l'ancienne baie ; le
hâble d'Ault.* « Les marais du Marquenterre et les
vallées de la Somme et de l'Authie, la baie de Somme,
le hâble d'Ault, tous lieux richement peuplés de

canards et de sarcelles où le coup de fusil est assuré et le plaisir varié. — IX. *La hutte*. Chapitre relevé par un très-philosophique sonnet sur le rapprochement de cette fosse où le chasseur s'étend, et de la tombe où chacun à son tour vient se reposer. — X. *De la force des bêtes de Crécy. La Saint-Hubert d'un gouverneur de Picardie. Une chasse du duc d'Angoulême, comte de Ponthieu, au* xviie *siècle. A présent.* — Les deux derniers chapitres, non numérotés, sont consacrés à une traduction des *Cynégétiques de Némésien*.

Comme on le voit par ce simple exposé, M. Prarond a décrit tous les genres possibles de chasse, et « les détails historiques, sans être négligés, sont traités rapidement, comme ils devaient l'être, assez développés pour intéresser sans jamais dégénérer en élucubrations d'archéologue ou d'antiquaire (1). » La partie historique est celle cependant qui rattache *les Chasses de la Somme* à notre étude.

C'est la lecture de cet ouvrage qui a engagé M. le commandant P. Garnier, auteur de savantes et expérimentées publications sur les chasses pratiquées en Bourgogne (2), à dédier particulièrement sa *Chasse du Chevreuil* à M. Prarond.

(1) L'*Abeille Picarde*, du 22 novembre 1858.
(2) M. le Commandant P. Garnier, ancien élève de l'École polytechnique, membre du Conseil général de la Côte-d'Or, a publié : *Chasse du Chevreuil*

### « A M. E. PRAROND,
« Auteur des Chasses de la Somme.

« Quand on a, sans le moindre scrupule, pillé un auteur cynégétique, qui, bien loin de vous en vouloir d'un tel sans-gêne, vous y a encouragé lui-même en mettant à votre disposition ses plus intéressantes notes de chasse, le moins que l'on puisse faire, pour peu que l'on se pique de savoir-vivre, c'est de lui dédier le fruit de ses larcins.

« C'est précisément pour l'heure ce que je fais, en priant mon honorable collègue et confrère en saint Hubert, M. E. Prarond, de vouloir bien accepter la cordiale dédicace de cet opuscule.

« Son bien reconnaissant et tout dévoué serviteur,

« Commandant P. GARNIER. »

Auxonne, avril 1875.

*(Chasse du Chevreuil en France, par le Commandant P. Garnier.)*

en France, 1875; *Traité complet de la chasse des alouettes au miroir avec le fusil*, 2e édition; 1876; *Chasse du sanglier, du renard, du blaireau et du lapin*, 1876; *Chasse du loup en France*, 1878. — Tous ces traités ont paru chez Auguste Aubry. — Ils ont été réunis et publiés de nouveau depuis en un seul volume chez Jules Martin, 1881. La dédicace de l'étude particulière a naturellement disparu dans la publication d'ensemble.

# X.

## NOTICE SUR RAMBURES.

Paris, Dumoulin, 1859, grand in-8°, 48 pages.

Cette *Notice*, extraite de *la Picardie*, fut tirée à cent exemplaires numérotés sous la presse.

Nous devons faire remarquer que, comme pour chacun de ses ouvrages, M. Prarond a puisé pour ce travail aux sources les plus sûres et qu'il les a toujours indiquées par des notes et des renvois. Après avoir donné quelques détails topographiques, il fait une description exacte et minutieuse du château, spécimen curieux et rare des forteresses féodales du moyen-âge, visité chaque année par « un certain nombre de désœuvrés badauds, visant au tourisme ou à l'antiquaillerie, » venant « promener leurs bonnes remarques dans les vieux escaliers, dans les vieilles salles rajeunies. »

M. Prarond donne ensuite une généalogie des Rambures dont l'un de nos plus savants compatriotes a dit il y a bien longtemps déjà :

Famille de héros ils mouraient pour la France
Et dans la nuit des temps se cachait leur berceau (1).

(1) M. Ch. Louandre. — *Souvenirs et paysages.*

Nous voyons tour à tour défiler le sire de Rambures tué à Azincourt en 1415 avec trois de ses fils ; André II, son autre fils, qui continue vaillamment l'œuvre de son père en défendant le sol de la France contre l'envahissement des Anglais lors de la guerre de Cent-Ans ; le *brave Rambures*, le « sauveur du roi à Ivry, blessé à Arques » et plus tard à Amiens, ce qui le força de se faire couper le bras droit. A cette famille, éteinte en 1679, fut substituée quant aux noms, armes, titres et biens, la famille de la Roche-Fontenilles. M. Prarond rapporte à la suite de cette généalogie les renseignements qui lui ont été communiqués par M. A. de Rambures, de Vaudricourt, tendant à démontrer. — ce qui ne paraît pas douteux, — que les Rambures de Poireauville sont de la même famille que les Rambures du château ; mais l'absence de preuves fait dire à l'auteur de l'*Histoire de cinq Villes* : « Nous laisserons, de cœur léger, à de plus curieux que nous la tâche de démêler la vérité dans ces confusions, de découvrir une clarté dans cette nuit. »

Pour terminer, M. Prarond fait l'histoire abrégée du château, du village et de l'église. Le château fut pris et repris différentes fois pendant les guerres de Cent-Ans et les guerres de religion.

## XI.

### SAINT-VULFRAN D'ABBEVILLE.

Abbeville, typogr. P. Briez, 1860, in-8°, 128 pages.

Cette monographie historique et archéologique, bien divisée dans ses chapitres, est une description savante et détaillée de l'église de Saint-Vulfran, commencée en 1488. MM. Raymond, Gilbert, J. Garnier et autres archéologues s'étaient occupés de cet édifice ; le travail de M. Prarond complète les leurs avec richesse. Procédant méthodiquement, il fait d'abord une description exacte et minutieuse du portail, où nous remarquerons entre autres sculptures un petit navire sur le pont duquel sont des hommes qui se battent et une femme sans tête. « Cette représentation, — dit M. Ch. Louandre, — a été diversement interprétée et a donné bien de la tablature à certains archéologues.... C'est tout simplement le *Vaisseau des Fous* sur lequel l'allemand Sébastien Brandt a fait un livre publié en 1494 et qui a été traduit dans toutes les langues de l'Europe. L'auteur suppose que le vaisseau du monde est conduit par la Folie ; que la femme, sous l'inspiration de la Folie, est le mobile de la plupart des actions humaines, et qu'après avoir introduit le péché dans le monde par la chute d'Adam, elle y sème la discorde. Le petit bateau de l'église de Saint-Vulfran n'est donc qu'une illustration du livre de Sébastien Brandt, illustration qui se retrouve d'ailleurs sur un grand nombre d'églises du xve siècle (1). » Cette explication, du reste, est donnée par M. Prarond lui-même qui cependant l'abandonne « aux discussions des savants. »

L'auteur pénètre ensuite à l'intérieur de l'église ; il passe en revue la nef et ses deux bas-côtés ; il décrit les chapelles, les tableaux et les sculptures qu'il y rencontre. Entrant dans le chœur, il en fait aussi l'inventaire ; c'est là que se trouvent les deux statues en marbre du baron de Phaffenhofen, représentant l'evêque d'Amiens, Mgr. de la Motte, et le prieur de Valloires, D. Comeau. M. Prarond parle assez longuement d'une curieuse peinture sur bois divisée en trois compartiments, représentant le *Jugement dernier* et datant du xve siècle. Un autre objet d'art de la même époque, une curieuse tapisserie qui garnit le pourtour du chœur jusqu'à la Révolution, arrête un instant l'auteur qui donne le titre des sujets représentés dans chacun des vingt-cinq cadres dont elle était composée, avec les vers en caractères gothiques rappelant les actions et les miracles de saint Vulfran.

Le second et le sixième chapitre sont consacrés à la partie historique de l'édifice. Une liste des doyens et

____

(1) M. C. Louandre, Conférences sur l'histoire locale, *recueillies et publiées par M. Alcius Ledieu, Amiens, 1880.*

une autre liste des chanoines commençant aux premières années du xii<sup>e</sup> siècle se continuent jusqu'à la
Révolution. Le septième et dernier chapitre est consacré à l'histoire des cloches anciennes et des cloches
actuelles. Les dix dernières pages de çette brochure
contiennent des additions ou notes.

## XII.

LE CANTON DE RUE; HISTOIRE DE SEIZE COMMUNES.
Paris, Dumoulin; Abbeville, Grare, 1860. 1 vol. in-8°, 406 pages.

Ce volume est le tome second des NOTICES HISTO-
RIQUES, TOPOGRAPHIQUES ET ARCHÉOLOGIQUES SUR L'ARRON-
DISSEMENT D'ABBEVILLE, publié d'abord en 1854, ainsi que
le déclare M. Prarond dans l'*Avertissement* de 1860.

« Un plus grand nombre d'exemplaires de ce
volume, — ajoute-t-il, — m'étant resté entre les mains
après les distributions un peu prodigues du premier,
j'ai cru pouvoir le reproduire en quelque sorte de
nouveau, sous un titre distinct, comme la *monographie*
d'un canton, assez complète par elle-même et suffisam-
ment isolée de l'œuvre générale. »

## XIII.

LES CHATEAUX DE L'ARRONDISSEMENT D'ABBEVILLE.
Paris, Dumoulin, 1860. In-8°, 52 pages.

Sous ce titre, M. Prarond a publié dans *la Picardie*

une série d'articles sur cinq châteaux de l'arrondissement d'Abbeville. Le château de Rambures, qui ouvre
la série, fut tiré à part à cent exemplaires (art. X. p. 35).
L'autre partie, qui comprend quatre châteaux, porte
le titre ci-dessus et fut aussi l'objet d'un tirage à part
à cent exemplaires numérotés.

I. *Château de La Ferté-lès-Saint-Riquier*. L'auteur
indique la position de ce château depuis longtemps
ruiné, rapporte un curieux dénombrement de la terre
au xviii$^e$ siècle, donne une suite des seigneurs et dans
le dernier paragraphe retrace quelques faits historiques, dont l'un est relatif à Isambard, transformé en
géant par la légende. M. Chamont ayant fait aplanir
un *tumulus* cru tombeau d'Isambard, M. Traullé
se plaignit amèrement du fait. Le lendemain « un lourd
charriot » contenant une grosse pierre s'arrêtait devant
la porte de M. Traullé et un domestique lui remettait
au nom de M. Chamont cette pierre portant une éti-
quette avec ces mots : « Molaire d'Isambard. » Et
M. Prarond ajoute perfidement : « On ne sait si M. Traullé
plaça cette pierre près de la fameuse brique romaine
qui portait son nom. » — II. *Château de Drugy*.
L'auteur a suivi la même marche que pour le château
précédent. Après avoir parlé du séjour qu'y fit Jeanne
d'Arc, alors prisonnière, il termine par les faits historiques qui se sont passés à Drugy. — III. *Château ou
tour du Quesnoy*. Ruiné comme les deux précédents.

Quelques « décombres de la tour guerrière » de ce château ont servi à construire plusieurs maisons du village. — IV. *Château d'Eaucourt-sur-Somme.* Ses ruines sont plus nombreuses et les faits sont plus importants que pour les deux châteaux qui précèdent. Comme celui du Quesnoy, il fut démantelé pendant les troubles de la Ligue.

## XIV.

JACQUES MALBRANCQ ou quelques remarques sur la confiance qu'il faut accorder a cet historien.

Amiens, Lenoel-Hérouart, 1861. In-8°, 10 pages.

Dans cette petite brochure, M. Prarond, tout en reconnaissant que l'historien de Saint-Omer « a beaucoup fouillé, beaucoup ramassé » et que « ses trois volumes seront toujours de très-importants répertoires pour les historiens de l'Artois, du Boulonnais et même du Ponthieu, » n'en signale pas moins certains « faits controuvés, » de « malheureuses complaisances de la bonne foi ou de l'imagination de l'auteur. »

Mais, avec sa charité habituelle, M. Prarond proteste en terminant de tout son « respect pour le savant qui s'est dévoué à l'histoire d'une grande partie du nord de la France. Écrasé par le travail de ses recherches et maître enfin d'une érudition immense, Malbrancq n'eut plus la force peut-être d'exercer la critique du véritable historien sur l'amas un peu confus de ses matériaux. »

## XV ET XV<sup>BIS</sup>.

### LE PROCÉDÉ HISTORIQUE DE M. FL. LEFILS.

Abbeville, P. Briez, 1861. In-8°, XI-57 pages.

### DE QUELQUES ASSERTIONS DE M. FL. LEFILS.

#### RECTIFICATIONS.

Abbeville, P. Briez, 1861. In-8°, 85 pages.

I.—M. Lefils avait publié deux ouvrages : l'*Histoire de Rue*, et l'*Histoire du Crotoy*, sujets déjà traités par M. Prarond.

Le but de M. Prarond en publiant la première brochure était de faire connaître la méthode suivie par M. Lefils pour ses deux publications ; méthode qu'il réduit à deux points :

« 1° Emprunts textuels de passages sans indication des emprunts ;

« 2° Entrée d'emblée en possession ouverte dans les travaux des écrivains antérieurs de ce qu'ils ont trouvé, élucidé ou fixé, et (sans autre mention), envoi du lecteur aux sources originales que ces prédécesseurs ont indiquées les premiers et que seuls souvent ils ont eues entre les mains ; allure de rédaction, enfin, qui voudrait faire croire que le copiste s'est donné lui-même la peine de recourir à ces sources. »

Et, en effet, M. Prarond fait toucher du doigt les nombreux emprunts faits à ses ouvrages par M. Lefils et la marque indiscutable des « coups de ciseaux. »

II. — M. Lefils ayant répondu à cette première constatation, M. Prarond se vit dans la nécessité, — malgré l'ennui qu'il en éprouvait, — de publier une seconde brochure où il s'attacha et parvint à démontrer les bonnes raisons de la première. Il redresse les erreurs sans nombre de M. Lefils, reproduit ses « emprunts textuels non déclarés, » et place en regard le texte identique de ses devanciers. Une sorte de tableau prolongé confronte ainsi, en partageant les pages en deux colonnes juxtaposées, M. Lefils et Devérité, M. Lefils et M. F.-C. Louandre, M. Lefils et M. de la Fons-Mélicocq.

Tout à l'opposé de M. Lefils dont « la manière de discuter se reconnaîtrait au loin aux emportements, aux invectives et aux objurgations retentissantes, » et qui « remplace le raisonnement et les preuves par les détonations de l'apostrophe directe, » M. Prarond, dans cette seconde brochure, comme dans la première, ne veut « pas perdre le mérite des formes que n'oublient jamais les gens bien appris. »

Après la lecture de cette brochure, on reste profondément convaincu de l'érudition de bon aloi de M. Pra-

rond. Les historiens directement consultés par lui
déposent pour lui; les manuscrits, les documents in-
terrogés par lui, déclarent la main qui les a elle-même
compulsés.

## XVI.

### HISTOIRE DE SAINT-VALERY.

Paris, Dumoulin; Abbeville, Grare, 1862. 1 vol. in-8°, 240 pages.

Ce volume est un tirage à cent exemplaires, — plus
quelques notes, — du tome premier de la troisième
partie de l'Histoire de cinq Villes,... (*Saint-Valery
et les cantons voisins*). Il se retrouve donc tout entier
dans le tome troisième de toute la série.

## XVII.

### BIOGRAPHIE DE M. FRANÇOIS-CÉSAR LOUANDRE.

Amiens, T. Jeunet, sans date (1862). In-8°, 31 pages.

Parmi ses nombreux travaux sur la capitale du
Ponthieu, M. Prarond ne pouvait oublier de retracer
la vie de l'homme qu'il appelle quelque part son
« maître vénéré. »

Dans cette intéressante notice, il s'attache surtout
aux travaux de l'historien d'Abbeville, dont la science
n'avait d'égale que la modestie, compagne de la vraie et
sûre érudition.

M. Prarond passe successivement en revue la *Biographie d'Abbeville et de ses environs*, l'*Histoire ancienne et moderne d'Abbeville*, l'*Histoire d'Abbeville et du comté de Ponthieu jusqu'en 1789*, etc., qui valurent à M. Louandre les lettres ou les articles les plus élogieux de MM. Ch. Henneguier (de Montreuil), Aug. Thierry, Daunou, des ministres Salvandy, Villemain, Fortoul, etc.

Archiviste en 1829, M. F.-C. Louandre fut nommé bibliothécaire de la ville deux ans plus tard. Ces fonctions venaient ainsi « au-devant de sa seule ambition et de tous ses désirs. » M. Prarond rappelle les nombreux services rendus par M. Louandre dans cette double fonction et rapporte l'article du savant M. Daunou (*Journal des Savants*), à l'occasion du catalogue de la Bibliothèque publié en 1836-1837. « La publication de ce catalogue.... vaudra sans doute de nouveaux bienfaits et d'heureux accroissements au dépôt confié à un si habile et si zélé conservateur. » L'illustre savant avait prévu juste, et M. Louandre, à sa mort, arrivée en 1862, voyait le nombre des volumes presque doublé, grâce à d'importantes libéralités.

En lisant cette notice, on se sent pris d'une véritable estime pour cet homme dont la vie fut si bien remplie par d'utiles travaux et de nombreux services.

## XVIII.

LES ANNALES MODERNES D'ABBEVILLE. Première partie.
La Révolution, la République et l'Empire.
Abbeville, P. Briez, 1862, T. Iᵉʳ, grand in-8°, IV-322 pages.

Ce volume, imprimé à trois cents exemplaires, est devenu en 1878, avec une préface nouvelle, celui que nous retrouverons plus loin (art. XXXIV), et qui a pour titre : Quatre années de la Révolution. 1790-1793.

Quand le premier volume des Annales modernes parut, M. Gustave Le Vavasseur en publia, dans *la Picardie* du mois de février 1863, une remarquable appréciation à laquelle nous emprunterons ce qui va suivre.

Tout ce que M. Prarond ne donne pas à la poésie, il le donne à l'histoire de son pays. « De là ces travaux spéciaux, entrepris avec tant d'ardeur et menés à bien avec tant de persévérance.... »

« Lorsque le regrettable M. Louandre a laissé dans l'histoire locale une place difficile à remplir, la voix unanime de ses concitoyens et des gens éclairés de sa province n'a-t-elle pas unanimement désigné M. Prarond comme l'historiographe présent et futur du Ponthieu, du Vimeu, du Marquenterre et autres lieux dont Abbeville est la capitale intellectuelle ?

« C'est à ce dernier ordre de travaux que se rapporte le volume que vient de publier M. Prarond sous le titre d'Annales modernes d'Abbeville. Il a entrepris de faire l'histoire d'une municipalité depuis 1789 jusqu'à nos jours, histoire extrêmement intéressante et dont l'importance dépasse le cadre dans lequel elle est renfermée.... C'est l'histoire de l'homme et du genre humain, marchant à tâtons dans une demi-obscurité et se dirigeant instinctivement vers la lumière, mais se heurtant à des obstacles ignorés, revenant sur ses pas et ne renonçant au sentier infructueusement parcouru qu'après en avoir recommencé dix fois la vaine expérience.

« Malgré le titre modeste de son ouvrage et l'exiguïté du théâtre sur lequel se passent les événements dont il rend compte, M. Prarond a donc entrepris une tâche digne de lui.....

« Certes, si la douceur est la politesse de la force, si la bienveillance est l'aménité de la justice, nul écrivain ne fut jamais plus fort ni plus impartial que l'auteur des Annales modernes d'Abbeville. Malgré les efforts surhumains que lui fait faire sa charité universelle pour les combattre, les opinions de l'auteur sont translucides ; il est partout et toujours du parti des victimes.... Lorsque, dans le cours des événements, le narrateur rencontre un vrai traître, un vil coquin sans vergogne et sans excuse, il ne le nomme pas.... Il s'en

explique dans une courte note : « Il se pourra main-
« tenant que je ne nomme plus toujours tout le monde.
« A quoi bon en effet ? » Cette réflexion n'est-elle pas
charmante et mieux que tous les commentaires du
monde, ne dévoile-t-elle pas l'homme tout entier ?....
Vous avez raison : aimons-nous les uns les autres !
soyons charitables envers les vivants et les morts ! et si
nous rencontrons quelque infâme et quelque monstre,
détachons l'infâmie et la monstruosité de leur incar-
nation humaine.... »

Pour la rédaction de cet ouvrage, — qui se compose
de quinze chapitres, — l'auteur a suivi une marche
rationnelle ; il expose les faits année par année, mois
par mois et presque jour par jour. « C'est un premier
essai, « — dit-il, — dont la suite se bornera de ma part
« au district d'Abbeville, mais dont la principale valeur,
« s'il m'est permis de l'estimer moi-même, serait de
« provoquer des tentatives semblables et plus complètes
« dans tous les arrondissements de France.... C'est de
« cette provocation à l'histoire détaillée, sérieuse et im-
« partiale de nos départements, que je voudrais tirer
« mérite dans ce travail. »

« Le ton du livre, » — comme le dit M. Prarond, —
est clairement exposé par lui dans la préface. « Notre
« cadre est celui des faits domestiques, et, loin d'exclure
« les recherches minutieuses, il les appelle ; nous serons
« prodigues de détails ; c'est par eux que nous voulons

« faire revivre les sentiments et rendre une physionomie
« exacte aux faits et aux hommes ; que nous espérons
« restituer à chaque année le caractère d'emportement ou
« de crainte, de retenue ou d'espérance qui fut le sien. »

## XIX.

HISTOIRE DE SAINT-RIQUIER ET DES DIX-HUIT COMMUNES
FORMANT AVEC CETTE ANCIENNE VILLE LE CANTON D'AILLY-LE-
HAUT-CLOCHER.

Paris, Dumoulin ; Abbeville, Prévost, 1867. In-8°, 740 pages.

Ce volume est un tirage à distinct, à cent exemplaires,
du tome Ier de la quatrième partie de l'*Histoire de
cinq Villes (Saint-Riquier et les cantons voisins)*, le
cinquième de la série complète.

## XX.

QUELQUES FAITS DE L'HISTOIRE D'ABBEVILLE, TIRÉS
DES REGISTRES DE L'ÉCHEVINAGE SUIVANT DES NOTES DE LA
MAIN DE M. TRAULLÉ, MISES EN ORDRE, COMPLÉTÉES ET PUBLIÉES
PAR E. PRAROND.

Paris, Dumoulin, 1867. 1 vol. pet. in-8°, XII-199 pages.

Les raisons qui ont amené l'auteur à publier ce livre
sont indiquées par lui dans l'avertissement. M. A.
Leclerc, neveu de M. L. Traullé avait donné les notes
de son oncle à M. Prarond, qui, au bout d'un certain
temps, les mit en ordre, les interrogea, les interpréta et

se trouva ainsi « avoir dressé une sorte de chronologie très-incomplète, sans doute, interrompue par de fréquentes lacunes, mais copieuse cependant et comme fourmillante, de l'histoire politique, administrative, domestique et familière d'Abbeville. » Un peu plus loin M. Prarond indique à quelles sources ces notes ont été prises par M. Traullé : « Un grand nombre ont été demandées aux registres des comptes, quelques-unes aux registres des résolutions, d'autres à un inventaire des titres déposés en différentes layettes ; » d'autres encore ont été prises dans les travaux de l'abbé Buteux et d'autres enfin — toujours selon M. Prarond, — sont dues à des échanges que M. L. Traullé avait pu faire avec le marquis le Ver.

Autour de ces notes, dit M. Prarond, « au-dessous d'elles, à peine ferai-je courir un petit nombre d'éclaircissements et de remarques ; besogne de critique provisoire d'ailleurs.... »

Les éclaircissements et remarques annoncés ainsi par M. Prarond n'en sont pas moins quelquefois d'assez grande étendue ; ainsi, par exemple, page 70, ces extraits faits par lui-même dans le registre aux comptes de 1431-1432 et qui intéressent les mœurs abbevilloises de cette date ; — page 82, les larges extraits que lui ont livrés les registres aux délibérations de 1460-1461 et de 1461-1462, extraits relatifs à un différend entre la ville d'Abbeville et l'évêque d'Amiens ;

— ainsi enfin, après d'autres encore, ce dernier extrait (pages 172-191) qui exhume directement du registre aux délibérations de 1526-1527 le récit de l'entrée du cardinal d'York à Abbeville en août 1527.

Ce petit livre est d'ailleurs bourré de faits serrés, pressés en peu de mots les uns contre les autres.

Nous sommes heureux de reproduire ici les termes d'une lettre que M. J. Garnier, le savant secrétaire-perpétuel de la société des Antiquaires, écrivait à M. Prarond le 10 octobre 1867 en réponse à l'envoi de ce volume et en allusion à quelques mots de l'avertissement :

« Votre ambition de laisser un souvenir chez vos compatriotes et d'être aimé de leurs descendants ne sera point trompée, soyez-en sûr. Il sera désormais impossible de s'occuper de l'histoire de votre arrondissement sans avoir recours à vos travaux.

« Que de sources, en effet, vous aurez fait connaître dont on ne soupçonnait pas l'importance ! Vous avez été pour Dom Grenier, en ce qui concerne Abbeville, un initiateur et vous avez plus fait pour sa gloire que tous nos écrivains qui en profitaient sans rien dire. Vous avez sauvé de l'oubli plus d'un nom abbevillois et donné aux biographies locales toute une impulsion dont elles avaient besoin et qui a produit les meilleurs résultats. Votre nouveau volume, en rappelant les travaux de M. Traullé, nous donne une suite de faits des plus curieux qui ont signalé la gestion de vos mayeurs et qui peuvent servir, non-seulement à l'histoire d'Abbeville, mais à celle de notre Picardie tout entière. »

M. l'abbé J. Corblet s'est exprimé en termes sympa-thiques sur ce volume dans le *Mémorial d'Amiens* du 15 décembre 1867 : « M. Prarond, conclut-il, a enrichi ce travail d'excellentes notes qui jettent souvent de la lumière sur les institutions du passé dont on parle tant et qu'on connaît si peu. »

A l'occasion de ces notes, rappelons que M. Prarond, de son aveu (page III de l'avertissement) les a prises dans les archives de la ville pour un travail qu'il dit avoir abandonné mais que nous espérons lui voir reprendre : *Le Ponthieu sous les ducs de Bourgogne.*

## XXI.

LES GARDE-SCEL, AUDITEURS ET NOTAIRES D'ABBE-VILLE, 1333-1867, D'APRÈS LE MANUSCRIT DE M. TRAULLÉ, ANNOTÉ ET COMPLÉTÉ PAR M. E. PRAROND.

Amiens, Lenoel-Hérouart, 1867. In-8°, 48 pages : (Extrait de la *Picardie*).

Comme son titre l'indique, cette brochure doit sa publication aux notes prises par M. Traullé, et confiées plus tard par son neveu, A. Leclerc, à M. Prarond. Le manuscrit de M. Traullé s'arrête en 1633, mais M. Prarond, comme il le dit lui-même, a repris « sur un tableau des anciens notaires d'Abbeville les noms de ces officiers depuis la fin du XVI<sup>e</sup> siècle en les classant selon les études qui gardent encore leurs minutes. » De la sorte, il est très facile aujourd'hui de savoir dans quelle étude se trouvent certains actes passés depuis la fin du XVI<sup>e</sup> siècle, si l'on connaît le nom du notaire par devant lequel ils ont été passés.

Ajoutons que les nombreuses notes annexées par M. Prarond donnent à cette nomenclature un intérêt réel.

## XXII.

DE QUELQUES LIEUX DU PONTHIEU ou voisins du ponthieu
QUI NE FONT PAS PARTIE DE L'ARRONDISSEMENT D'ABBEVILLE.
Paris, Dumoulin, 1868. In-8°, 38 pages.

Dans ce travail, — qui parut d'abord dans la *Picardie*, — M. Prarond donne un état des seigneuries de trente-neuf localités qui, vu les limites du Ponthieu plus larges que celles de l'arrondissement d'Abbeville, n'ont pu entrer dans l'*Histoire de cinq Villes*. Comme il le déclare dans une sorte d'avertissement, l'auteur doit une partie de ce travail à des renseignements de MM. Louandre et Demarsy, ainsi qu'à un manuscrit XVIII<sup>e</sup> siècle qui lui a été communiqué par M. Paul Duchesne de Lamotte.

M. J. Garnier écrivait à l'auteur le 3o novembre 1868, après avoir reçu la brochure :

« Je vous félicite d'avoir si heureusement terminé

vos précieuses recherches sur le Ponthieu. Il y aura beaucoup à écrire encore assurément, mais les assises de l'édifice, — puisqu'il vous plaît de donner ce titre à votre œuvre, — sont si solidement établies qu'il sera désormais impossible de se placer sur une autre base. »

## XXIII.

### LA LIGUE A ABBEVILLE, 1576-1594.

Paris, Dumoulin, 1868-1873, 3 vol. in-8, cxxiv-418 pp.; 448 pp.; 329 pp.
*( Extrait des Mémoires de la Société d'Émulation. )*

Nous arrivons à l'un des principaux ouvrages de M. Prarond.

La tâche que nous nous sommes imposée nous sera rendue facile, pour l'examen de cet important travail, par les appréciations qui en ont paru dans les revues et les journaux.

Le critique qui s'est occupé de la Ligue a Abbeville avec le plus d'attention d'abord est M. Jourdain, membre de l'Institut.

Nous consultons le compte-rendu fait par ce savant des Mémoires de la Société d'Émulation, de 1861-1868 *(Revue des Sociétés savantes des Départements,* de 1869). (1). — M. Jourdain expose en commençant la

_______________

(1) Le volume des *Mémoires* dont M. Jourdain rendit compte ne contenait que la première partie de la *Ligue à Abbeville.*

méthode suivie par M. Prarond pour la mise en œuvre des documents qui composeront l'histoire partielle d'Abbeville de 1576 à 1594.

Les innombrables et caractéristiques détails que contient cet ouvrage ont été « classés, dit-il, dans l'ordre même où les documents originaux nous les présentent, c'est-à-dire dans l'ordre chronologique ; de sorte que nous avons sous les yeux les récits fidèles et circonstanciés de tout ce qui s'est fait, de tout ce qui s'est dit, de tout ce qui s'est agité dans Abbeville aux temps orageux de la Ligue. Nous assistons, année par année, presque jour par jour, aux mouvements des milices, aux menées des partis, aux souffrances des habitants, aux délibérations des échevins et à leurs efforts avisés et courageux, tantôt pour préserver la ville des horreurs de la guerre, tantôt pour assurer aux indigents de l'ouvrage et du pain.

« Avant de retracer les annales d'Abbeville, à dater de l'année 1576, l'auteur consacre quelques chapitres à faire connaître Abbeville elle-même. Il décrit l'aspect de la cité à la fin du xvi<sup>e</sup> siècle, ses rues, ses places publiques, ses monuments dont la plupart subsistent encore ; il expose avec détail l'organisation du corps de magistrats librement élus qui, sous le nom d'*échevins*, ayant le maïeur à leur tête, veillaient aux intérêts et à la police de la ville ; il nous fait assister, d'après des procès-verbaux authentiques, à une séance d'élection ;

il analyse les règlements de police, résume les comptes
de recettes et de dépenses, dresse le tableau des fonda-
tions pieuses, et relève les traits de mœurs qui témoi-
gnent de l'attachement des Abbevillois, non-seulement
à la religion, mais aux cérémonies du culte.

« Ce tableau, qui n'omet rien d'essentiel, est vraiment
instructif ; il a d'autant plus de prix qu'il se compose
de textes littéralement extraits des archives municipales. Les annales auxquelles il sert d'introduction
sont composées d'après le même plan..... »

Un plus loin, M. Jourdain cite un fait peu connu
raconté par M. Prarond, concernant les souffrances des
classes laborieuses et les moyens employés pour y
subvenir, et il ajoute : « En signalant cet incident de
l'Histoire d'Abbeville sur la fin du xvie siècle, nous
n'avions d'autre but que d'indiquer, par un exemple,
la sérieuse valeur du travail de M. Prarond. Nous
aurions à relever, dans ce savant travail, bien d'autres
points intéressants et beaucoup de pièces importantes,
notamment plusieurs lettres de Henri III que nous
croyons inédites.... »

Le même critique rendant compte du volume suivant
des Mémoires de la Société d'Émulation contenant la
seconde partie de la LIGUE A ABBEVILLE, écrivait dans
la *Revue des Sociétés Savantes des Départements*
(livraison de janvier-février 1870) : « Nous cherche-
rions vainement à résumer les faits recueillis par

M. Prarond. Il faut lire page par page, pour ainsi parler, les extraits substantiels que l'auteur nous donne des délibérations de l'échevinage d'Abbeville, non sans les compléter par quelques documents étrangers, notamment par des emprunts à la correspondance de Henri IV. On y trouvera le fidèle tableau et, en quelque sorte, le journal officiel des mouvements d'une ville de province qui n'avait pu éviter de prendre parti dans les troubles civils de la France, qui s'était prononcée avec résolution, qui sut maintenir avec fermeté l'attitude qu'elle avait prise, mais qui prétendit toujours rester l'arbitre de ses démarches et apprécier elle-même la nature et l'étendue des sacrifices qu'elle devait faire à la cause commune. Il serait vivement à désirer que nous eussions beaucoup de monographies locales aussi instructives que celle que M. Prarond nous a donnée. »

Enfin, M. Jourdain a rendu compte du troisième volume comme des précédents au Comité des travaux historiques (*Revue des Sociétés savantes* de janvier-février 1875). « Nous avons déjà, a-t-il dit, entretenu, à deux reprises différentes, la section d'histoire et de philologie, du précieux travail de M. Prarond sur *la Ligue à Abbeville*. La deuxième partie de cette savante étude a paru sur la fin de 1873. Comme les parties précédentes, elle a été composée d'après les documents les plus authentiques, et principalement d'après les procès-verbaux des séances échevinales.......... »

Après une analyse consciencieuse des faits principaux contenus dans ce tome troisième et de certaines observations de M. Prarond, M. Jourdain conclut :

« Nous aurions encore à relever dans le travail de M. Prarond plus d'un fait important pour l'histoire générale, et non pas seulement pour l'histoire particulière d'Abbeville. Mais en prolongeant ce compterendu, nous excéderions les limites qui nous sont imposées. Les indications que nous venons de donner suffiront d'ailleurs pour montrer que la dernière partie de l'ouvrage de M. Prarond n'est pas inférieure aux deux premières, et que toutes trois réunies composent un tableau complet en son genre, que les futurs historiens de la Ligue consulteront avec beaucoup de fruit. »

Nous trouvons dans le *Journal d'Amiens,* du 24 décembre 1874, une appréciation d'ensemble des trois volumes de la LIGUE A ABBEVILLE. M. Darsy, — dont les travaux sur l'histoire locale sont bien connus, — s'exprime ainsi : « Des faits, des faits, des dates et des « faits ! » s'écrie M. Prarond en commençant son *Introduction.* C'est à cette tâche « ingrate » que s'est voué depuis longtemps l'auteur ; et il a réussi par de laborieux efforts à remettre en lumière une foule de faits oubliés, à condenser dans ses études diverses sur cette partie de la Picardie qui dépend aujourd'hui de l'arrondissement d'Abbeville, des milliers de dates, dont la précision sera un fil conducteur pour les historiens futurs de notre pays. Combien ont déjà fructueusement puisé dans cet immense réservoir, que M. Prarond emplit sans cesse !

« Dans son œuvre nouvelle, M. Prarond retrace d'abord la vie bourgeoise, le fonctionnement municipal et l'esprit religieux à la fin du xvi<sup>e</sup> siècle. Les élections de l'Échevinage, les élections pour les États-Généraux, l'arrivée d'ambassadeurs, les différends entre l'échevinage et l'autorité militaire, les questions d'impositions, tailles et autres, la question des suspects dans ces temps troublés, la misère enfin et les mesures à prendre pour assurer l'alimentation du peuple, sont autant de circonstances intéressantes qu'il se garde d'omettre.....

« C'est avec une grande impartialité que l'auteur aborde l'examen du mobile religieux de la Ligue et le rôle qu'y a joué le clergé.....

« L'amour de la patrie fait exhaler du cœur de M. Prarond des élans qui excitent la sympathie. Son regard embrasse le passé et le présent de la ville natale, et il la trouve pure de tout affront : « Son manteau de « pierre va tomber, son histoire militaire est finie,.... « aucune honte ne s'y mêle. »

« Si tous nous avions un tel attachement pour notre berceau, quelle force en tirerait la France et comme elle grandirait, calme et prospère, en jouissant du bonheur de tous ! »

Nous relèverons un article de la *Gazette de France*, du 21 avril 1874, signé V. F. (Victor Fournel).

« M. Ernest Prarond vient de publier un de ces excellents travaux d'histoire locale qui sont les plus utiles auxiliaires de la grande histoire. Par l'authenticité des renseignements, par l'exactitude et l'étendue des recherches, la LIGUE A ABBEVILLE mérite, mieux que bien des travaux d'un titre plus ambitieux et d'un intérêt plus général, de ne point passer inaperçue. Ce livre, d'ailleurs, pour qui sait lire, est un tableau de la vie bourgeoise, municipale et religieuse en province, à la fin du XVIᵉ siècle, en même temps qu'un vaste amas de faits et de dates.... »

« L'auteur de la LIGUE A ABBEVILLE — continue M. Fournel, — est à la fois un érudit et un poëte. L'érudit a colligé, pendant des années entières, ces milliers de faits authentiques, de pièces officielles et de dates précises, — petits flambeaux, comme il le dit lui-même, qui jetteront quelque lumière sur vingt des années les plus intéressantes de nos annales. Le poëte interroge Ronsard, s'adresse à Desportes, relit d'Aubigné pour donner la flamme et la vie à ces ossements épars, et, dans une ample introduction, il nous dit les joies qui l'ont payé de son aride entreprise, le plaisir qu'il éprouvait à voir tout à coup briller dans le dédale de ces éphémérides, comme un mineur courbé dans la nuit sur sa tâche, des clartés qui se projetaient

sur les grandes lignes de l'histoire, le bonheur de revivre au milieu de nos pères et de les faire revivre
eux-mêmes au milieu de nous. Il nous les montre tels
qu'ils furent, tels qu'on les trouve au naturel dans ces
registres de correspondances et de délibérations, où les
bons bourgeois apparaissent « plus souvent en inquié-
« tudes qu'en emportements, plus prudents qu'aven-
« tureux, l'œil à leurs affaires, même lorsqu'ils prennent
« le mousquet ; » sans les *surfaire* donc, mais aussi
sans les rabaisser. Quelles que soient les idées personnelles de M. Prarond sur la Ligue, il en est venu,
par l'étude impartiale des documents dans la sphère
qu'embrasse son livre, à reconnaître à ce grand
mouvement le caractère hautement et sincèrement
religieux qu'on lui a beaucoup trop dénié, comme il a
su y indiquer le développement de l'esprit municipal,
et dégager du chaos des faits les tendances à ce qu'on
appellerait aujourd'hui le *self-government*. Il sera
difficile à ceux qui étudieront cette époque encore mal
connue de ne point tenir compte de son livre, très-
intéressant sous son aridité apparente. »

De son côté, M. Eug. Asse terminait ainsi un article
dans le *Moniteur universel*, du 24 mai 1874: « Lettres-
patentes et lettres closes des rois, gouverneurs et autres
grands personnages ; registres des délibérations de
l'échevinage, naguère encore perdus dans la poudre des
archives municipales et départementales ; documents

imprimés de toute nature, depuis les plus rares plaquettes jusqu'aux historiens locaux, Waignart, Formentin, Sangnier d'Abrancourt, Traullé, Hermant, Devérité et Louandre, le plus récent d'entre eux ; M. Prarond a tout fouillé, tout mis à contribution. Aussi la lumière aujourd'hui est-elle complétement faite sur le rôle important que jouèrent Abbeville et ses environs dans cette grande commotion politique et religieuse de la Ligue. Mais si la Ligue est le principal objet de son livre, que de renseignements s'y trouvent encore sur l'organisation municipale d'Abbeville, sur les mœurs, le caractère et l'aspect politique et religieux de ses habitants !

« Le sujet prêtait aux vigoureux tableaux, et M. Prarond les a tracés d'une main ferme et où se sent parfois la verve du poëte. Cela n'étonnera personne. »

Un critique anonyme que nous nous permettrons de dévoiler, — M. Ferd. Pouy, — écrivait dans le *Messager d'Amiens,* du 7 juin 1874 : « Les recherches les plus fatigantes n'ont jamais arrêté M. Prarond ; la poussière des archives ne l'aveugle pas ; elle l'éclaire et le guide. « Une fois les yeux sur les registres, — dit-il, — j'ai « été fasciné, enchaîné ; les heures m'ont paru courtes. »

« Il lui semblait alors voir renaître les générations passées avec les costumes qu'elles ont portés, et, pour compléter l'illusion, il aurait voulu voir l'expression de leurs visages. Comme il faut bien revenir à la

réalité, M. Prarond a dû se contenter, et c'est déjà une
assez belle tâche, de nous transmettre les actes authentiques des héros de la Ligue dans le Ponthieu. Que de
choses M. Prarond a vues dans les registres qu'il a
feuilletés : l'esprit catholique, l'esprit municipal, celui
des gens du roi, des bourgeois, du peuple; les négocia-
tions, les intrigues et bien autre chose. Il a vu
« l'intrusion d'une police soupçonneuse dans les con-
« versations privées obliger à la délation ; les certifi-
« cats de religion, devenus nécessaires comme le furent
« les certificats de civisme à une autre époque ; toute
« la gradation en actes, en exemples, des sentiments et
« des sollicitations, qui ont conduit les bourgeois à
« l'*Union*. »

« ..... M. Prarond cherche à sauvegarder de son
mieux la dignité de ses compatriotes, qui se sont sou-
mis « avec décence, » mais, malheureusement, on ne
peut pas toujours dire : Tout est bien qui finit bien.
Il y aurait certaines réserves à faire sur ce chapitre,
l'auteur le comprend, et le laisse assez entendre quand
il dit : « L'autorité du roi ne guérit pas tous les
maux. » Le règne de Henri IV fut pourtant « répara-
teur. »

Un autre critique anonyme que nous dévoilerons
encore, — M. Louis Moland, — disait dans le *Fran-
çais* du 21 août 1874 : « M. Ernest Prarond est un
des plus infatigables travailleurs que comptent nos

départements. On lui doit des publications nombreuses
et variées. Poëte, il a plus d'une fois su forcer l'attention de la critique parisienne. Historien, il a fait, ville
à ville, village à village, l'histoire du Ponthieu. Il a
publié récemment trois volumes sur la Ligue à Abbeville, extraits presque tout entiers des registres municipaux, et pleins de curieux renseignements.

« Cette publication nous fait pour ainsi dire descendre dans la vie quotidienne d'une ville française,
au milieu de ce vaste mouvement de la Ligue que
nous ne connaissons guère que par les événements
généraux. Abbeville comme Amiens, est avec Paris
dans l'Union, de 1588 jusqu'à l'abjuration de Henri IV.
Par quelle gradation de sentiments et d'actes elle y est
entraînée, c'est ce qu'on saisit parfaitement dans les
procès-verbaux des assemblées de l'échevinage. On y
voit aussi la rigoureuse autonomie de nos vieilles cités,
la fermeté de nos magistrats, l'énergie des habitants,
la puissance des traditions municipales, et, en somme,
la vitalité de la France sur chaque point de son territoire au milieu de ces luttes du XVIe siècle.... »

Nous ne pouvons mieux faire, en terminant, que de
reproduire quelques-uns des termes du rapport de
M. le baron Carra de Vaux, publié dans l'*Investiga-*
*teur, journal des Études historiques*, numéro de
janvier-février 1875, p. 37 et suivantes.

« Lorsque j'ai ouvert l'ouvrage en trois volumes de

M. Prarond, — dit le savant magistrat, — ou plutôt avant de l'avoir ouvert, je me disais : Trois volumes sur un aspect particulier de l'histoire pendant dix-huit ans seulement, dans une ville qui n'a éprouvé, dans cet intervalle, ni un long siége, ni grande bataille, ni révolution mémorable, combien l'auteur se sera exagéré son sujet ! — Cette prévention n'était pas fondée, et je dois dire que j'ai été bien récompensé de ma lecture; j'ai trouvé dans l'analyse que fait M. Prarond des registres des délibérations, livres de comptes et autres documents des archives municipales, ce que je n'avais rencontré nulle part ailleurs . . . . . . . . .

« On ne regrettera assurément pas d'avoir porté un œil investigateur sur ces documents si curieux d'une administration locale, — dit plus loin M. de Vaux, — et l'on saura infiniment de gré à l'historien de les avoir mis en lumière. On y voit en effet que nos ancêtres du Nord avaient une instruction et un bon sens qui leur feraient encore honneur aujourd'hui.... »

Un dernier mot, que nous regrettons de ne pas avoir sous les yeux, a été dit sur la Ligue a Abbeville dans la séance de clôture de la réunion des Sociétés savantes à la Sorbonne, au mois d'avril 1880.

A cette occasion, l'auteur a été nommé Officier d'instruction publique sur la proposition du *Comité des Travaux historiques.*

Dernière remarque bibliographique. Le tome I<sup>er</sup> est

daté de 1873 et le tome II<sup>e</sup> de 1868. L'explication est
que le tome I<sup>er</sup> a attendu pendant plusieurs années
l'*Introduction* qui n'a pas moins de 124 pages, et qui
n'est pas extraite des *Mémoires* de la Société d'Émulation. — Le tome III<sup>e</sup> est daté, comme le premier,
de 1873.

## XXIV.

### NÉCROLOGIE. — J. BOUCHER DE CRÉVECŒUR DE PERTHES.

Abbeville, P. Briez, sans date (1868). In-8°, 8 pages.

I. — Sous ce titre a été publié le discours prononcé
par M. Prarond sur la tombe de M. Boucher de Perthes.

Dans ce premier discours, le successeur de M. de
Perthes à la Présidence de la *Société d'Émulation
d'Abbeville* résume, en termes aussi rapides que le
demande la circonstance funèbre, la vie publique, la
vie de fonctionnaire, la vie de voyages, la vie littéraire
du défunt, qui laissa vide une si grande place dans la
ville dont il avait su faire un centre de science.

II. — M. E. Delignières, alors secrétaire de la *Société
d'Émulation,* publia dans les *Mémoires* de 1869-1872
de cette Compagnie un compte-rendu de l'*Inaugura-
tion du monument de M. Boucher de Perthes;* un
tirage à part fut fait de ce compte-rendu et c'est à la

page 20 de cette brochure que nous lisons un second discours prononcé par M. Prarond, le 14 mars 1870, devant le monument élevé sur la sépulture de M. de Perthes.

Dans ce second discours, le Président de la *Société d'Émulation* s'attache surtout à mettre en évidence l'esprit d'initiative de M. Boucher de Perthes, qui, le premier, eut l'idée des expositions universelles. Par une heureuse inspiration, et avec un tact charmant, l'orateur rappelle les noms d'anciens membres de la *Société d'Émulation*; il en forme, pour ainsi dire, de petits médaillons qu'il suspend autour du monument de l'ancien Président.

## XXV.

LA TOPOGRAPHIE HISTORIQUE ET ARCHÉOLOGIQUE D'ABBEVILLE.

Paris, Dumoulin; Abbeville, Prévost; 1871-1880. 2 vol. gr. in-8°
613 pp. — 617 pp.

Cet important ouvrage, qui comprendra trois volumes, — le tome IIIe est actuellement sous presse, — est une nouvelle édition considérablement augmentée des NOTICES SUR LES RUES D'ABBEVILLE, dont il a été parlé à l'article Ier.

Aussitôt après l'apparition du tome Ier, M. J. Garnier écrivait à l'auteur, le 15 décembre 1871 :

« Il fallait votre infatigable activité et votre intelli-
gence de fureteur pour refaire ainsi de toutes pièces les
rues d'Abbeville et donner un ouvrage tout à fait neuf
sur un sujet qui paraissait épuisé. — Je me prends
cependant à regretter une chose, c'est qu'une suite de
dessins ne reproduise pas les monuments si nombreux,
si variés, que vous décrivez avec tant de soin et dont
l'image serait si précieuse pour une histoire de l'art
dans notre pays. »

M. H. Dusevel, dont la compétence en ces sortes de
travaux est bien connue, publiait les lignes suivantes
dans le *Journal d'Amiens* du 16 décembre 1871 :

« M. Prarond, le zélé, le laborieux Président de la
*Société d'Émulation d'Abbeville*, a publié tout récemment le premier volume d'une Topographie historique
et archéologique d'Abbeville... Dans les vingt chapitres que contient le curieux volume dont nous
parlons, M. Prarond décrit tour à tour les rues, les
places, églises et autres monuments d'Abbeville.......
« L'âge vient, — dit l'auteur, — les travaux s'amassent
« et nous désespèrent. Le livre que je m'efforce aujour-
« d'hui de rendre moins incomplet, devant être, pour
« valoir quelque chose, un grand recueil de faits, un
« répertoire exact de renseignements, non une œuvre
« littéraire, je veux perdre en l'écrivant tout souci de
« rédaction, toute préoccupation de forme. » Mais

M. Prarond, on le reconnaît, ne peut, en écrivant, se résoudre à cette complète négligence.

De son côté, M. l'abbé J. Corblet disait dans le numéro du 21 janvier 1872 du *Dimanche* : « Nous avons eu plus d'une fois occasion, dans divers comptes-rendus, de constater les éminentes qualités de l'historien du Ponthieu, ses consciencieuses recherches, ses minutieuses investigations, sa délicatesse de scrupule qui lui fait souligner ses doutes, sa probité littéraire qui l'engage à indiquer les sources des moindres renseignements. Nous applaudissons toujours à ces mérites persévérants. Mais nous voulons faire à notre savant collègue un reproche qu'encourent rarement les gens de lettres : c'est celui d'une excessive modestie.... De sa part, c'est un véritable système qu'il applique, non-seulement aux faits, mais à leur mise en œuvre. « L'effacement de l'écrivain, — nous dit-il, — l'aban- « don de la plume, ne sauraient nuire à cette simple « coordination de souvenirs, et le livre aura toujours, « pour les lecteurs du pays, un titre assuré à la « faveur. » Nous l'admettons volontiers, mais cette faveur, croyons-nous, serait encore plus prononcée si l'auteur s'effaçait un peu moins, s'appropriait davantage les notes qu'il a recueillies, et plaçait toujours en lui-même la confiance qu'il prête généreusement aux autres. »

Aussitôt après la publication du tome second,

M. Darsy, dont la science est bien connue des anti-quaires, publiait un remarquable compte-rendu de ce volume dans *la Picardie* du mois de mai 1880.

Nous reproduisons son article tel que nous le trouvons dans cette revue qui devrait être entre toutes les mains des Picards quelque peu soucieux de connaître le passé et les gloires de leur pays.

« M. Ernest Prarond, — dit M. Darsy, — vient de publier le tome second de la TOPOGRAPHIE HISTORIQUE ET ARCHÉOLOGIQUE D'ABBEVILLE. Aussi volumineux que le premier, paru en 1871, il est un témoignage éloquent de l'activité inaltérable de notre honorable collaborateur. Aux vingt chapitres déjà publiés, il en ajoute dix-sept. Ceux-ci embrassent un certain nombre de rues de la ville, que l'auteur décrit avec les monuments et les établissements publics ou religieux qui s'y rencontrent....

« Je ne conduirai pas mes lecteurs dans chacune des rues qu'a parcourues l'auteur, mais je les engage à faire eux-mêmes cette longue course : elle ne sera pas sans attrait. Souvent ils auront à s'arrêter, pour considérer ici un couvent ou une église, là un hôtel ou une maison remarquable, et pour écouter le récit de faits historiques, intéressant non-seulement la cité, mais aussi notre Picardie tout entière et même la France. Ainsi l'ancienne rue du Puits-de-Fer, maintenant du Saint-Sépulcre, conduit à l'église de ce nom. Cela donne à l'auteur l'occasion de rappeler la tradition qui veut que cette église ait été construite sur la place même où Godefroy de Bouillon campa avec les nobles picards, au moment de partir pour la première croisade, et que la construction fut faité après.

« Plus loin, c'est la place Saint-Pierre, où s'élevait le prieuré de Saint-Pierre et de Saint-Paul, de l'ordre de Cluny, largement doté par son fondateur, le comte Guy de Ponthieu. Une longue énumération des biens fait connaître la richesse de ce couvent, qui fut vendu révolutionnairement au prix de cent trent-et-un mille francs. M. Prarond nous apprend que le savant Pierre Carpentier, continuateur du *Glossaire* de Du Cange, prit l'habit en ce prieuré vers l'année 1737, après être sorti de la congrégation de Saint-Maur.

« Il raconte ensuite, d'après Waignart, ce fait bizarre : en 1625, le prieur commendataire de Saint-Pierre était mort dans sa maison à Paris. Cet événement fut soigneusement tenu caché, et quelque temps après, son corps fut trouvé dans le grenier : on l'avait *salé !* Était-ce un moyen pour ses héritiers ou ses chargés de pouvoirs de toucher plus longtemps les produits de la commende ?

« A leur ordre, viennent l'établissement des Carmes, ceux des Dames Carmélites, des Minimesses, des Dames de Willancourt, etc., etc.

« M. Prarond mentionne le Collége, établi en 1586

dans les bâtiments de l'hôpital Jean Le Scellier, et trans-
féré en 1606 dans l'hôtel de Neuilly.

« Il conduit aussi le lecteur à la côte de *la Justice*,
où se dressaient les fourches patibulaires. Quel hideux
spectacle pour le voyageur que ces corps inertes se
balançant dans le vide, à l'angle de deux routes fré-
quentées ?

« Un souvenir non moins triste est celui que ravive
l'*Épine de la belle Madeleine*, placée auprès du
chemin de Hautvillers. Cette épine, de dimensions
remarquables, avait probablement servi de borne à la
forêt de *Gaden*, défrichée vers le milieu du xiie siècle.
Son nom lui serait venu d'une jeune fille du pays
violée et tuée au pied de cette épine, à l'époque de la
bataille de Crécy.

« Enfin M. Prarond n'oublie pas les fameuses
sablières de Menchecourt, où se sont rencontrés des
ossements de mammifères antéduliviens, gigantesques,
les uns inconnus, les autres reconnus pour des espèces
d'éléphants, de rhinocéros, etc. C'est là aussi que
M. Boucher de Perthes a recueilli une partie des silex
travaillés qui ont servi de justification à son ouvrage
des *Antiquités celtiques et antédiluviennes*.

« Je finis par une simple réflexion. Les lecteurs de
*la Picardie* et tous les antiquaires, auxquels s'adresse
la Topographie d'Abbeville, connaissent la manière de
faire de M. Prarond. Ses nombreux ouvrages la leur

ont montrée : des faits, toujours des faits, mais l'abon-
dance des matières écrase le style. M. Prarond cependant est poëte : il sait condenser la phrase et l'idée. Un jour, sans doute, il reprendra tous les membres épars de ses œuvres et les réunira ; il en fera un tout compact, un corps vivant et palpitant, qui sera l'histoire complète du Ponthieu, ce pays que nos pères nous ont laissé si riche, à tous égards, en hommes et en gloire surtout. »

Nous nous permettrons à notre tour une simple réflexion relativement au rapport de M. Darsy, — certain à l'avance que l'ancien Président de la *Société des Antiquaires de Picardie* ne nous en voudra point.

« L'abondance des matières, — dit-il, — écrase le style. » En effet, les matières sont nombreuses ; les faits s'accumulent dans les ouvrages de M. Prarond ; mais pour les relier entre eux, — en admettant toutefois qu'ils ne soient pas différents les uns des autres, — M. Prarond aurait été dans la nécessité de grossir ses volumes, sans profit pour la science ; au reste, l'histoire, comme la vérité, ne doit-elle pas être présentée sans fard ?

L'auteur de l'Histoire de cinq Villes ne vise pas à l'effet, et il a raison. Pour lui, ce qu'il recherche avant tout, ce sont : « Des faits, des faits, des dates et des faits. » — (*Introduction à la Ligue*).

Au reste, M. Prarond n'a-t-il pas dit quelque part :
« L'œuvre commencée par nous sera reprise par
d'autres. » — Et ailleurs : « Ces notes pourront
acquérir un plus grand intérêt dans les remaniements
d'un nouveau travail, dans les développements, ou
mieux dans les compléments qu'elles devront à nos
successeurs. » Et encore : « Si mince que soient les
bénéfices de nos efforts, nos successeurs y verront,
y comprendront, y expliqueront bien plus que nous.
Le lecteur doit voir seulement aujourd'hui dans ce
travail des indications qui le mettent sur la voie de
découvertes nouvelles. »

## XXVI.

### L'ÉGLISE DU SAINT-SÉPULCRE D'ABBEVILLE.

Paris, Dumoulin ; Abbeville, Prévost, 1872. Gr. in-8º, 44 pages.

Disons tout de suite que cette monographie est
extraite tout entière du tome II de *la topographie historique et archéologique d'Abbeville*, où elle occupe les
pages 48 à 91 inclusivement. D'abord, M. Prarond
rapporte la tradition, vraisemblable d'ailleurs, qui veut
que la fondation de l'église primitive du Saint-Sépulcre
remonte à la première croisade ; il donne l'étendue de
la cure, fait mention du tableau de Hallé, *la Résur-
rection* ; etc. M. Prarond note avec soin les différentes
reconstructions ou restaurations dont le Saint-Sépulcre

fut l'objet à différentes époques, et fait enfin une description complète et méthodique de l'édifice actuel ; il donne plus loin une liste de quelques curés.


## XXVII.

### JOURNAL D'UN PROVINCIAL PENDANT LA GUERRE. — ABBEVILLE, 1870-1871.

Paris, E. Thorin ; Amiens, Prévost-Allo, 1874. 1 vol. in-18, VI-544 p.

« Ce volume, très rempli et très intéressant, se compose, comme le titre l'annonce, de faits nombreux, de toute nature, consignés jour par jour pendant la guerre et pendant l'occupation prussienne à Abbeville. » (1)

Avant de mettre son journal en ordre, M. Prarond voulut le compléter à l'aide des renseignements demandés sur tous les points de l'arrondissement d'Abbeville. Il adressa en conséquence une circulaire à MM. les Maires, Instituteurs et Curés de chaque commune. Il écrivit même, en qualité de Président de la *Société d'Emulation d'Abbeville,* aux Sociétés savantes du département de la Somme et des départements voisins pour conseiller une sorte de grande enquête immédiate, ne laissant pas aux souvenirs le temps de s'effacer, sur

(1) M. Emile Delignières. — *L'Œuvre littéraire de M. Ernest Prarond,* p. 50.

tous les faits de guerre, sur tous les excès des Allemands, dont chaque province fut le théâtre.

M. J. Garnier lui répondait le 15 décembre 1871 :

« Notre compagnie a repris ses travaux au mois de novembre dernier et une proposition a été faite de recueillir tous les faits qui ont trait à l'invasion de la Picardie pendant la malheureuse guerre dont nous avons été longtemps les victimes. Une commission a été nommée pour aviser aux meilleurs moyens de recueillir les documents, mais elle n'a pu se réunir encore. — Votre lettre, dont j'ai donné lecture à la séance de décembre, a réveillé la question. La commission, mise en demeure, se réunit ces jours-ci. — Nous voulons embrasser toute la Picardie. On s'effraie donc un peu des dépenses que doivent entraîner les circulaires et la correspondance et l'on craint que les résultats de cette enquête soient peu satisfaisants.

« Quoi qu'il en soit, il a été décidé que l'on vous communiquerait tout ce qui aurait trait à l'arrondissement d'Abbeville. »

La société d'Amiens a-t-elle donné suite au projet d'enquête ?

Ce qui est sûr, c'est qu'elle n'a rien envoyé à M. Prarond, mais l'enquête qu'il fit directement ne ne fut pas stérile.

Peu de temps après la publication du JOURNAL D'UN PROVINCIAL PENDANT LA GUERRE, l'auteur recevait de

M. J. Garnier une lettre datée du 3o janvier 1875 ;
nous en extrairons le passage suivant :

« ....Vous avez écrit des pages d'histoire qui ne
se trouveraient ni dans les journaux, nos archives
publiques, ni dans les registres des municipalités. Il
fallait un esprit aussi attentif que vous l'êtes à tout ce
qui se passe dans le pays, aussi exact, aussi impartial,
pour tout noter avec ce soin et surtout avec tant
d'esprit... »

Peu de jours après, M. E. Delignières publiait dans
le *Journal d'Amiens* du 2 février un remarquable
compte-rendu que nous reproduirions tout entier, —
tant il a su lui donner la couleur d'intérêt local, — si
les limites du cadre que nous nous sommes tracé nous
le permettaient ; mais nous y ferons quelques emprunts.

« M. E. Prarond est un travailleur infatigable, —
dit M. Em. Delignières, — et c'est presque toujours sa
ville natale qui occupe sa plume exercée et son esprit
constamment en éveil....

« Aujourd'hui.... c'est un *Journal,* comme il l'inti-
tule lui-même, où les faits, si douloureux parfois,
intéressants toujours, se suivent, se pressent jour par
jour, sans qu'on y trouve rien d'inutile, rien qui
n'attire et ne captive l'attention. L'auteur a su ajouter
encore à l'intérêt du récit par des réflexions personnelles qui ne sont pas un des moindres attraits de son

livre. Aussi pouvons-nous lui prédire un succès légitime.....

« L'auteur n'a rien laissé dans l'oubli ; il n'a pas d'ailleurs quitté sa ville natale. Il contribua même à sa garde et à sa sécurité.....

« Il nous raconte ses impressions de la rue, des portes, des remparts, recueillant de côté et d'autre les bruits, les on-dit, notant les alternatives d'espérances, d'appréhensions.... »

Et plus loin, le critique que nous citons ajoute : « Nous croyons en avoir dit assez pour recommander ce livre d'un Abbevillois animé d'un patriotisme que personne ne lui contestera, et de l'esprit de modération, d'exactitude et de justice que nous lui connaissons... »

D'autres comptes-rendus de cet ouvrage ont été publiés en différentes revues ou journaux.

M. Joret-Desclozières écrivait dans l'*Investigateur* de novembre-décembre 1875 (p. 266 et suivantes) :

« Une pensée de patriotisme local avait inspiré le travail considérable sur la Ligue à Abbeville ; c'est à un sentiment inspiré par la même tendance que M. Prarond a obéi, lorsqu'il s'est fait l'historiographe de la conduite de ses concitoyens pendant les malheureux évènements de 1870-1871.

« Notre collègue avait confiance dans la perpétuité des traditions courageuses conservées dans les murs d'Abbeville. Il comptait bien, en commençant son

journal, qu'il n'aurait à consigner aucune note défavo-
rable à ses compatriotes. L'historien d'Abbeville ne
s'était pas trompé dans ses espérances. La population
de l'antique capitale du comté de Ponthieu s'est
comportée pendant la durée de la guerre franco-alle-
mande avec calme, sagesse et résolution. Pendant que
les fils figuraient dans les rangs du vaillant régiment
des mobiles de *Somme-et-Marne,* cité plusieurs fois
par le général Faidherbe à l'ordre du jour de l'armée
du Nord pour sa belle conduite, les pères faisaient
bonne garde autour des remparts de leur cité. »

Et, plus loin, M. Joret-Desclozières ajoute : « Les
notes, prises jour par jour, consignant les faits et
gestes de nos vainqueurs sur le sol de la France pendant l'occupation, constituent les éléments d'une enquête historique qui permettra un jugement définitif.
Pour atteindre ce but, des livres comme celui de
M. Prarond, offrent autant d'intérêt que d'utilité. »

De son côté, M. G. Le Vavasseur publiait dans *la
Picardie* du mois de juillet 1874 (1) (p. 327 à 335), un
article dans lequel, entre autres choses, nous relèverons
ces quelques lignes :

_____

(1) Il ne faut pas croire, en voyant cette date, que le compte-rendu de
M. Le Vavasseur ait paru avant la publication de l'ouvrage de M. Prarond ;
c'est qu'alors *la Picardie* était en retard de plus d'un an ; ainsi ce numéro
a paru à la fin de 1875.

« Non-seulement ce livre est imprégné du goût de terroir, mais on sent à chaque page que le vieux sang municipal coule dans les veines de l'auteur ; c'est un échevin égaré et froissé dans les rouages de l'administration moderne et volontiers je voudrais le portraire en costume moyen-âge, remontant et protestant, défendant les franchises et les libertés de sa cité avec ce vers en exergue : *S'il ne fut pas maïeur il fut digne de l'être.* Ses recherches sur l'histoire de LA LIGUE A ABBEVILLE l'ont fait vivre longtemps avec les anciens ; c'était là sa véritable famille et encore je ne sais pas s'il y a trouvé un patron digne de lui ; les anciens s'accommodaient avec les circonstances et les usurpations.

Plus loin, M. Le Vavasseur cite un passage du JOURNAL D'UN PROVINCIAL où l'auteur rapporte qu'il fut décidé à l'Hôtel-de-Ville par le Conseil municipal, que « les forces militaires se retirant, la ville se bor-
« nerait à une défense exclusivement municipale.... et
« qu'elle ne *céderait, à aucun prix, devant des forces*
« *inférieures et même égales....* »

« Voilà donc, — s'écrie l'auteur, — Abbeville en
« guerre, réduite à ses seules forces, comme aux temps
« anciens, et l'homme qui est à sa tête, presque élu par
« ses concitoyens, pourrait-on dire, comme les maïeurs
« des siècles passés depuis 1184, est investi à peu près
« de tous les pouvoirs militaires que possédaient les
« maïeurs du seizième siècle ! »

Et le pénétrant critique ajoute : « Cette phrase est sortie toute vive et toute armée du cœur de l'auteur ; car tout poëte et pacifique qu'il est, M. Prarond serait un maïeur militant et batailleur à son heure. C'est un cavalier accompli qui aurait fort bon air dans les cérémonies et entrées de sa bonne ville. Il faut voir comme il raille cet officier qui enfourche Maroûte et le mobilisé qui sautait si fort sur le dos du bon animal dans les labourés de Saint-Riquier. Certain commandant était odieux ; — depuis qu'il est tombé de cheval ce n'est plus qu'un grotesque. »

## XXVIII.

APRÈS LES PRUSSIENS. Premier appendice au Journal d'un Provincial pendant la guerre ; Abbeville, 1871-1875.

Paris, E. Thorin ; Amiens, Prévost-Allo, 1876. In-18 ; 84 pages.

Cette brochure, publiée deux ans après le volume précédent, en est la continuation ; « elle apporte aussi, — dit M. E. Delignières, — quelques additions et quelques rectifications attestant toute la conscience de l'écrivain et du citoyen. »

« Aucun de mes concitoyens, — écrit l'auteur à la
« première page, — n'a eu à se plaindre du journal déjà
« publié pour la période de la guerre et de l'occupa-
« tion ; aucun n'aura à se plaindre des souvenirs con-
« signés pour la période suivante. »

11

Et plus loin, il dit : « Il est du devoir de tout homme
« de combattre partout où le sort l'a placé. Je n'ai
« qu'une petite feuille de papier et je n'écris que
« l'histoire d'une petite ville. Qu'importe? J'emploierai
« la petite feuille et je m'efforcerai d'être utile à la
« petite ville. »

Qu'il nous soit permis de reproduire ici quelques
lignes d'une lettre adressée à M. Prarond par M. Gaul-
thier de Rumilly, sénateur, écrite du château de
Fleury, près Conty, le 26 février 1876 :

« J'ai lu, à travers nos préoccupations électorales,
votre patriotique publication (*Après les Prussiens*)
avec un très-vif intérêt. C'est l'œuvre d'un esprit élevé,
d'un homme de cœur, et qui s'indigne des calomnies
contre ceux qui ont essayé de résister à l'ennemi et de
conserver l'honneur de la France. »

## XXIX.

LA DÉFENSE POLITIQUE. Second appendice au Journal d'un
provincial pendant la guerre; Abbeville, 1871-1877.
Amiens, Prévost-Allo, 1877. In-18, 70 pages.

Après avoir publié la brochure précédente, M. Prarond fit paraître un second appendice l'année suivante.
Il est rédigé sur le même plan que le premier appendice, auquel il sert de complément ainsi qu'au Journal
d'un Provincial.

Nous citerons les premières lignes de cette brochure,
qui commence ainsi : « Mon souhait serait de vivre
« dans un pays où la loi, expression philosophique de
« tous les droits, n'aurait plus un article qui ne fût en
« accord avec la conscience humaine ; dans un pays si
« bien réglé enfin qu'aucune individualité n'y pourrait
« être blessée, même moralement, et que l'on n'y serait
« plus forcé de songer à cette défense ou à cette attaque
« nécessaire de tous les jours que nous nommons la
« politique. »

## XXX.

LA SOCIÉTÉ D'ÉMULATION D'ABBEVILLE. Rapport du
Président au Ministre de l'Instruction publique.

Abbeville, C. Paillart, 1877. In-8º, 26 pages.
*(Extrait des Mémoires de la Société d'Émulation d'Abbeville.)*

C'est pour satisfaire aux questions qui lui furent
adressées par le Ministre, que M. Prarond fit cette
petite histoire de la Société d'Émulation en sa qualité
de Président.

Les principales questions posées étaient celles-ci :
Date de la fondation de la Société. — Notice historique
sur son origine et ses progrès. — Nombre des membres,
des volumes publiés et indications des Mémoires les
plus importants, etc.

## XXXI.

### SUR LA DATE DES PREMIÈRES RECHERCHES PRÉHISTORIQUES A ABBEVILLE.

Abbeville, C. Paillart, 1877. In-8°, 10 pages.
*(Extrait des Mémoires de la Société d'Émulation d'Abbeville.)*

Ce Mémoire fut rédigé par M. Prarond comme Président de la Société d'Émulation d'Abbeville, pour être lu au Congrès international d'anthropologie et d'archéologie préhistoriques tenu à Stockholm au mois d'août 1874. C'est dans la séance du 15 août que M. Prarond, en qualité de délégué de la Société au Congrès, donna lecture de cette communication, qui figure dans le Compte-rendu de la septième session du Congrès. — *Stockholm, 1876, tome II, pages 851-856.*

## XXXII.

### ABBEVILLE A TABLE. ÉTUDES GOURMANDES ET MORALES.

Amiens, Delattre-Lenoel, 1878. 1 vol. gr. in-8°, 90 pages.

Malgré ce titre plus alléchant que ne le sont d'ordinaire les enseignes d'érudition, malgré l'élégance du volume, imprimé sur papier teinté, malgré la couverture d'un gris doux sur laquelle le titre se détache en deux couleurs, il ne faudrait pas trop s'y tromper, ce livre est un extrait de la grave *Picardie*, et, si l'auteur s'est cru permis, le sujet étant donné, de mettre parfois

en belle humeur la langue de l'École des Chartes, ses
autorités sont presque toujours les registres de l'Hôtel-
de-Ville, — les comptes des argentiers le plus souvent;
— et ses preuves, ses citations sortent du vieil échevinage avec l'orthographe respectée et l'accent même
des temps rappelés.

« Je ne compte décrocher aucun hanap d'honneur
« dans cette excursion aux cocagnes bourgeoises, —
« dit l'auteur dans les premières lignes qui servent
« d'introduction à ce volume, — ni voir même surgir
« le moindre diablotin de ces propos de table. Tout
« mon espoir ne va qu'à préparer une histoire de la
« gourmandise à Abbeville ; préparer, et c'est assez
« pour une œuvre qui demanderait si longue digestion,
« car, pour l'heur de nos compatriotes défunts, tout ce
« que les siècles ont pu m'apprendre de leurs actes
« publics ou domestiques, me les montre solides
« bourgeois, bons convives et volontiers devançant
« la chanson, le dos au feu, le ventre à table ; cervelles
« dures quelquefois, idées étroites souvent, cœurs
« assez clos aux générosités utopiques, mais estomacs
« ouverts et rapaces. Certes le sujet a droit à d'autres
« proportions que celles d'une causerie brève, mais où
« il faudrait un savant expert et de langue *estoffée,* un
« gras discoureur du XVIe siècle, Rabelais doublé
« d'un Estienne, je ne puis fournir qu'un faible érudit
« du XIXe, et de langage maigre.

« Puissent mes continuateurs en ces recueils de faits
« compléter, pour le passé, mes recherches, et trouver
« dans notre présent qui sera devenu le passé, et dans
« l'avenir qui sera le présent de leur temps, de nou-
« veaux, bons et glorieux stimulants à leur travail
« et grande matière à poursuivre l'histoire honnête,
« pacifique et gourmande des ancêtres !

« Dès qu'elle fut née à la liberté, — continue
« l'auteur, — Abbeville..... put contempler autour
« d'elle un pays varié et riche, empressé à la nourrir...

« Les champs lui donnaient le blé et le gibier
« terrestre ; la mer, les poissons et les vins de Bor-
« deaux ; les prés, de temps en temps mouillés par la
« mer, les moutons dont le souvenir est resté ; les
« jardins, les légumes et les fruits ; les pâturages
« voisins des villages, les bœufs ; les marais, le gibier
« d'eau ou de passage. »

Entourés de tant d'avantages, comment les bourgeois
n'en auraient-ils point tiré parti. Cependant, s'il faut
en croire un de nos meilleurs historiens : « Nos aïeux
n'étaient point des bourgeois mous et gras (1). »

Dans les vingt-cinq chapitres composant cet intéressant et curieux ouvrage, l'auteur passe en revue les
différentes professions, — les métiers, comme on disait

______

(1) Ch. Louandre. *Conférences sur l'Histoire locale recueillies par
Alcius Ledieu.*

autrefois, — destinés à « réconforter les esprits comme les corps, » et à remettre « du cœur au ventre. »

Nous voyons d'abord défiler les cuisiniers, les pâtissiers et les rôtisseurs, autrement dits les *allevaux,* « trois professions qui se touchaient beaucoup au « Moyen-Age et qui, chez nous, n'eurent autrefois « qu'un même règlement et marchaient sous la même « enseigne. »

Puis viennent à leur tour les hostelliers ou hostellains, les taverniers et cabaretiers, les marchands de poisson, les marchands de vin, les brasseurs, les boulangers et les bouchers.

L'auteur cite quelques articles des statuts et ordonnances réglementant ces diverses industries ; il nous fait voir quel souci les bourgeois avaient de la bonne qualité des aliments, ce qui n'empêchait pas les fraudes et les falsifications ; de là des amendes, « des condamnations innombrables. »

Dans un autre chapitre, l'auteur nous entretient des pâtisseries et des friandises ; il nous donne la confection de la *loée*, des tartes à fromage et à la badré, des couques et enfin du biscuit d'Abbeville.

Plus loin, nous assistons aux dîners du Puy d'Amour, des Quaresmaux, de la visitation des remparts, d'affaires, de noces et de confréries, de Messieurs de la Ville, etc.

« Cette étude, — dit M. Prarond dans la conclusion,

« — ne demeurera peut-être pas isolée. Elle n'a traité
« que de la gourmandise depuis cinq cents ans à
« Abbeville. Il ne serait pas impossible de réunir les
« éléments de quelques autres bons gros mémoires sur
« plusieurs des péchés capitaux voisins qui ont eu aussi
« des succès dans la ville des allevaux..... »

Attendons les « bons gros mémoires » qui ne pourront manquer d'être fort intéressants « sur plusieurs
« des péchés capitaux voisins » de la gourmandise.


## XXXIII.

### PROPOSITION AU CONSEIL MUNICIPAL D'ABBEVILLE POUR LA DÉCORATION INTÉRIEURE DES ÉDIFICES COMMUNAUX.

Abbeville, L. Paillart, sans date (1878), in-8, 12 pages.

M. Prarond, dans cette proposition faite au Conseil
municipal dans la séance du 9 mars 1878, passe en
revue les événements de l'histoire d'Abbeville qui
pourraient, reproduits par la peinture ou la sculpture,
servir de décoration à l'Hôtel-de-Ville, au Musée
projeté et aux autres édifices communaux.

En faisant part de cette excellente idée à ses collègues, M. Prarond donna une fois de plus la preuve du
patriotisme qui l'anime et de l'amour qu'il porte à sa
ville natale, dont l'histoire lui est si bien connue ;
aussi le Conseil municipal, après avoir entendu cette

communication, s'empressa-t-il d'en ordonner l'impression.

S'il nous était permis de formuler ici un vœu, ce serait de voir ce projet mis à exécution dans un avenir rapproché. De la sorte, les visiteurs de la ville auraient à admirer le souci, le soin pieux des Abbevillois pour leur passé, et le patriotisme abbevillois lui-même ne pourrait que s'accroître devant les représentations d'actes qui furent souvent honorables.

## XXXIV.

### QUATRE ANNÉES DE LA RÉVOLUTION. 1790-1793.
#### FRAGMENT DES ANNALES MODERNES D'ABBEVILLE.

Paris, Sandoz et Fischbacher, 1878, 1 vol, gr. in-8, IV-322 pages.

C'est de cet ouvrage que nous avons parlé à l'article XVIII. Il n'y a de changé que le titre ; nous n'avons donc rien à ajouter à ce qui a été dit plus haut.

## XXXV.

### LE GRENIER A SEL D'ABBEVILLE. — QUELQUES NOMS DES
#### CONSEILLERS GRÈNETIERS EN PONTHIEU DEPUIS 1427.

Amiens, Delattre-Lenoel, 1879. Gr. in-8°, 11 pages.

Dans cette brochure, — qui est extraite de *la Picardie*, — l'auteur donne, comme le sous-titre l'indique, quelques noms de Conseillers grènetiers. M. Prarond ne peut présenter, dit-il, qu'un « aperçu très-succinct « de la juridiction que ce mot rappelle et un cadre « dans lequel un petit nombre de noms en attendent « beaucoup d'autres. » — « Cette liste est assez « courte,... — dit-il plus loin ; — je ne la donne que « pour encourager aux recherches ; mais, pour montrer « l'intérêt qu'elle offre déjà, je l'annote de quelques « rapprochements avec la liste des maïeurs d'Abbe- « ville. »

## XXXVI.

HENRI IV PRÉHISTORIQUE. — Réponse a M. Gustave Le Vavasseur sur cette question : Henri IV a-t-il été conçu a Abbeville ?

Amiens, Delattre-Lenoel. S. D. (1880). In 8°, 8 pages. — Extrait de *la Picardie.*

Dans cette petite notice, publiée sous forme de lettre dans *la Picardie,* M. Prarond établit qu'Henri IV a été conçu à Abbeville et non au Château-Neuf de la Flèche, ainsi que le veut une tradition fléchoise.

L'auteur donne des dates et des témoignages contemporains ; il reproduit des lettres d'Antoine de Bourbon et de Jeanne d'Albret. Il invoque aussi le témoignage du roi, qui, répondant à la harangue du maïeur d'Abbeville, lui dit « qu'il avoit entrepris son voiage... pour ce qu'il avoit esté engendré en ceste ville. »

A ses divers talents le roi, a remarqué M. Prarond,
ajoutait « la sûreté de la mémoire. »

Nous croyons qu'en présence des dates et des textes
qu'accumule M. Prarond, la tradition fléchoise devra
tomber d'elle-même, et qu'Abbeville aura toujours le
droit « d'inscrire Henri IV parmi les hommes *illustres*
qui ont choisi d'elle leur point de départ. »

« Les registres en font foi, — ajoute l'auteur, —
ainsi que le tableau du peintre Choquet, conservé à
l'Hôtel-de-Ville. »

## XXXVII.

### NOTICES BIOGRAPHIQUES ET NÉCROLOGIQUES.

I. Notice biographique sur M. André de Poilly
(Extrait des *Mémoires* de la Société d'Émulation
d'Abbeville. 1852).

II. Notice sur M. Morel de Campennelle, Marie-
Mathieu (Extrait des *Mémoires* de la Société d'Émulation. 1857).

III. Notice sur M. Baillon, Louis-Antoine-Fran-
çois (Extrait des *Mémoires* de la Société d'Émulation.
1857).

IV. Notice sur le général Picot, Joseph-Alexandre-
Édouard (Extrait des *Mémoires* de la Société d'Émulation. 1857).

V. M. François-César Louandre. 1862 (Voy. plus haut, art. XVII).

VI. M. J. Boucher de Crèvecœur de Perthes (Voy. plus haut, art. XXIV).

VII. M. Calluaud, Député à l'Assemblée nationale, 1871.

VIII. Notices nécrologiques. — 1. M. Gustave de Villepoix (1). — 2. M. Paul Boullon de Martel. — 3. M. l'abbé J.-B.-Désiré Cochet. — 4. M. Louis-Charles de Belleval. — 5. M. Charles-Joseph Buteux (Extrait des *Mémoires* de la Société d'Émulation. 1877, 20 pages).

La plupart de ces *Notices* ont été lues à la Société d'Émulation dont M. Prarond a été douze ans le Secrétaire et douze ans le Président effectif, avant de recevoir de ses Collègues, sur sa demande (séance du 6 février 1879), le titre de Président honoraire.

---

M. Prarond a annoncé quelquefois à la fin de ses publications certains travaux projetés et déja en voie de préparation.

---

(1) Discours prononcé au cimetière de N.-D. de la Chapelle; un second tirage en fut fait dans un format in-4°, 6 pages.

Ainsi la suite des ANNALES MODERNES, dont il nous a donné un premier volume : QUATRE ANNÉES DE LA RÉVOLUTION ;

Ainsi l'HISTOIRE LITTÉRAIRE et l'HISTOIRE MILITAIRE D'ABBEVILLE ;

Ainsi l'HISTOIRE DES OPINIONS POLITIQUES DANS L'ARRONDISSEMENT D'ABBEVILLE DE 1789 A NOS JOURS ;

Celle des CÉRÉMONIES RELIGIEUSES, etc.

Nous avons la confiance, — qu'il nous soit permis de le témoigner ici, — la persévérance et l'érudition de M. E. Prarond étant données, qu'il mènera à bien l'exécution de ces différents projets.

Déjà des fragments ou chapitres de ces travaux ont paru en divers lieux. L'étude sur Jacques Le Clerc, curé et official de Saint-Valery-sur-Somme, auteur d'un poëme sur Magdelaine, *Uranie pœnitente*, trouvera naturellement place dans l'HISTOIRE LITTÉRAIRE. Cette étude importante et qui a pour titre *Jacques Le Clerc, le dernier poëte du XVI<sup>e</sup> siècle, sous Malherbe*, a paru dans la *Revue contemporaine* de 1854, où elle occupe vingt-quatre pages.

En l'HISTOIRE LITTÉRAIRE devront entrer nécessairement aussi les *Notices* rappelées plus haut sur MM. André de Poilly, Morel de Campennelle, Baillon, F.-C. Louandre, Boucher de Perthes, Boullon de Martel, et d'autres encore ; entre autres les articles sur les *Lettres et les Poésies de M. Leguey*, curé de Millencourt, sur Nicolson *(Annuaire de l'arrondissement d'Abbeville pour 1849)*. La Notice sur la tragédie de *Ringois* (édition des NOTICES SUR LES RUES D'ABBEVILLE DE 1850) formera certainement un chapitre de l'HISTOIRE DU THÉATRE A ABBEVILLE.

Dans l'HISTOIRE MILITAIRE reprendront place de droit les articles sur le général Picot (voir plus haut), sur le capitaine Delondres, sur le colonel Démanelle *(Annuaire de l'arrondissement d'Abbeville pour 1849)*; d'autres encore dispersés dans l'HISTOIRE DE CINQ VILLES, etc.

L'ensemble de ces travaux une fois accomplis constituera bien ce que l'on pourra appeler, d'une expression de M. Prarond lui-même : LE MONUMENT DU PONTHIEU.

19568. — AMIENS. IMP. T. JEUNET.

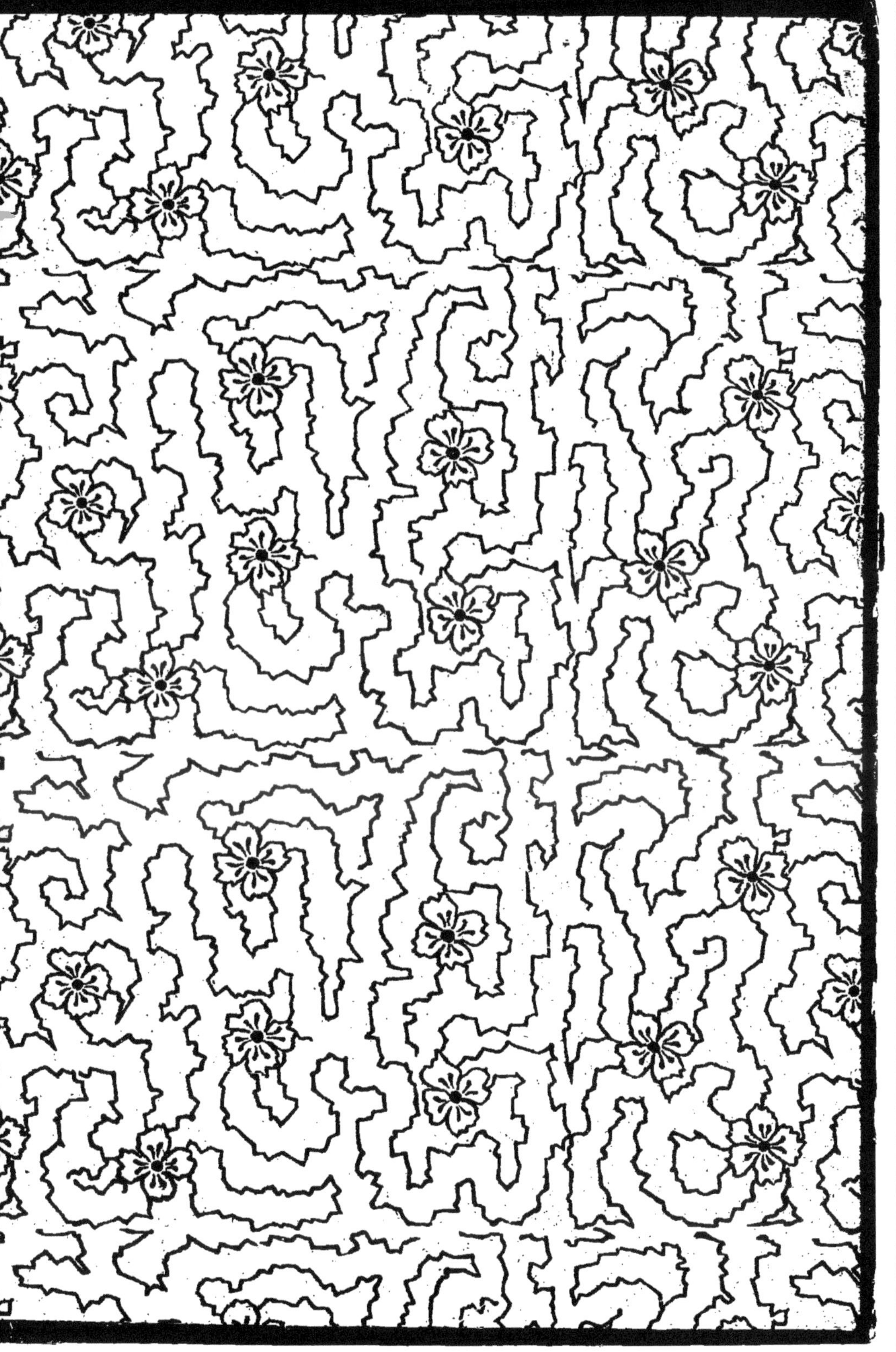

www.ingramcontent.com/pod-product-compliance
Ingram Content Group UK Ltd.
Pitfield, Milton Keynes, MK11 3LW, UK
UKHW022232080726
13614UKWH00007B/806